Original Japanese edition published by Sunmark Publishing, Inc., Japan

Korean translation copyright © 2014 by itBOOK Publishing Co.

This edition is published by arrangement with Sunmark Publishing, Inc.

through InterRights, Inc., Tokyo & BC Agency, Seoul

이 책의 한국어판 저작권은 BC 에이전시를 통한 저작권자와의 독점 계약으로 도서출판 잇북에 있습니다. 신 저작권법에 의해 한국 내에서 보호를 받는 저작물이므로 무단전재와 복제를 금합니다.

이 도서의 국립중앙도서관 출판시도서목록(CIP)은 서지정보유통지원시스템 홈페이지(http://seoji.nl.go.kr)와 국가자료공동목록시스템(http://www.nl.go.kr/kolisnet)에서 이용하실 수 있습니다.

(CIP제어번호: CIP2014021758)

부부가
더불어
잘살기 위해서
꼭 세워야 할

아내
대책

가와키타 요시노리 지음
김대환 옮김

잇북
it BOOK

성공한 남자일수록 '아내 대책'의 고수다

아내 대책에 실패하면 인생에 실패한다

타의 추종을 불허하는 업적을 쌓고, 동종 업계에서도 누구라면 다 알 정도로 성공 신화를 써내려간 어느 사장의 이야기다. 그는 일도 잘하지만 술도 잘 마시고, 놀기도 잘한다. 말 그대로 인생을 구가하고 있다. 게다가 아내와도 사이가 좋다.

그런 그에게도 결혼 초기에는 힘든 시기가 있었다. 지금은 어느 부부보다도 사이가 좋은 아내와 자주 싸웠던 것이다. 생각해보면 뭣 때문에 싸웠는지 모를 정도로 사소한 것이 원인이었는데, 그 때문에 아내는 화가 나서 남편에게 말조차 하지 않았다. 아내는 남편에겐 한마디도 하지 않겠다고 결심한 것이었다. 집안일은 흠잡을 데 없이 했지만 남편은 아예 없는 사람 취급했다.

한번 토라지면 이틀이건 사흘이건 입을 다물어버린다. 남편이 "외출하자."고 말해도 모른 척하고 거들떠도 보지 않는다. 그러면 남자는 완전히 기가 죽는다. 남자에게 가장 괴로운 아내의 행동은 '침묵 작전'이다.

직장에 가도 하루 종일 무표정하게 집안일만 하고 있을 아내의 얼굴이 눈앞에 어른거려서 도무지 일이 손에 잡히지 않는다. 회의도 건성으로 하고, 초조한 마음에 실수만 한다.

더 이상 참을 수 없어서 과감히 아내에게 "부탁이니까 제발 말은 하고 지내자. 난 싸움을 해도 끝나고 나면 금방 싹 잊어버리는데 당신은 이틀이건 사흘이건 그러고 있으니 정말 힘들어. 회사 일까지 영향을 주니까 제발 그만 좀 해줘."라고 애원했다.

그러면 아내는 그 후 조금 참을성이 없어지긴 하지만 적어도 '침묵 작전'만은 그만뒀다고 한다.

이럴 때 남편으로서 가장 해서는 안 되는 행동이 "말을 하지 않으려면 어디 한번 멋대로 해봐. 난 조금도 괴롭지 않으니까." 따위로 도전적이 되거나 허세를 부리는 것이다.

만약 그가 그때 그런 태도로 나왔다면 그의 인생은 백팔십도로 달라졌을지도 모른다.

언뜻 보기에 남자가 가정을 돌아보지 않을 정도로 일에 매달리는 것은 프로로서의 역할임과 동시에 가정을 위한 것이기도 하다. 그리고 그 가족이 있기 때문에 일도 열심히 할 수 있다. 요컨대 남자에게는 '가족과 일이 모두 소중'하다. 그러므로 일을 잘하는 사람은 아내도 소중하게 여긴다. 아내를 소중하게 여기지 않는 사람은 일도 못한다.

남자는 아내를 우습게보면 일도 인생도 위험해진다. '아내 대책'을 소홀히 하여 아내의 '경향 파악과 그 대책'에 실패하면 인생도 실패하게 된다.

특히 퇴직 후에는 아내를 상사로 생각한다

최근에 이런 신문기사를 읽고 무릎을 친 적이 있다.

예순아홉 살인 남편은 종종 사소한 일로 아내와 말다툼을 했다. 그러나 정년 이후에는 집을 '아내의 성'으로 인식하고 '부창부수婦唱夫隨'가 되지 않으면 안 되겠다고 깨달았다. 자신의 의견을 끝까지 밀어붙이는 것을 자제하고, 어떤 것에 대한 견해를 말할 때도 고집을 부리지 않고 아내에게 동조하게 되었다.

처음에는 의아한 표정을 짓던 아내도 지금은 기분 좋게 "고마워요." "수고했어요."라는 말이 되돌아오게 되었다고 한다. 그리고 '정년 후에는 아내가 주인'이라고 생각하는 것이 정말 편하다는 것이었다.

"집에서는 아내를 상사로 생각하라."

나는 얼마 전부터 이렇게 말하고 있다.

바꿔 말하면 남자는 아무리 훌륭하다 해도 결국엔 '아내의 손바닥 위에서 놀고 있을 뿐'이다.

남자는 그렇게 인식하고 있으면 모든 일이 술술 풀린다. 사실 훌륭한 사람이면 그렇게 생각하고 있는 척만 해도 된다. 대부분의 남자들은 또 실제로 그렇기도 하다.

다나베 세이코의 에세이 《천천히 구사코》에 이런 지적이 나온다.

"일본 남자들은 왜 그리도 아내와 사귀는 게 서툴까? (중략) 아내를 조종하거나 가정을 경영하는 근본적인 능력이 결핍되어 있는 남자가 많다."

그리고 이렇게 충고한다.

"여자들에게 어떻게 하고자 하는 마음을 갖게 하는지, 아내의 마음속에 쾌적한 가정을 만들려는 의욕을 불러일으키는지, 정말 사소한 요령인데…… 하고 여자들은 한탄한다. 간결해도 되고, 별 것 아닌 위로, 농담, 상찬, 그런 것을 할 줄 아는 마음의 멋이 남자들에게 있으면 좋을 텐데……."

마음을 아프게 하는 말이다. 확실히 이 '사소한 요령'을 몰라서 아내의 의욕을 잃게 하는 남자들은 많다. 그 결과 집 안에서 지내기가 불편해진다. 집에서조차 편하지 못하니 일도 건성으로 하게 되고, 결국 인생을 그르치게 된다.

그렇다고 결코 아내밖에 모르는, 아내 옆에 딱 붙어사는 '가정형 인간'이 되라는 말은 아니다. 일을 열심히 하면서도 '아내 대책'은 빈틈없이 할 수 있다.

다나베 세이코의 친정은 조부모와 부모, 형제자매, 그리고 몇 명의 고용인이 함께 사는 대가족이었다. 이 대가족의 가장은 당연히 할아버지다. 그런데 어린 세이코가 관찰한 바에 따르면 반드시 그렇지만도 않은 장면이 많았다.

예를 들면 할아버지가 실수를 해서 중요한 일을 망쳐버렸다. 그러자 할머니를 비롯한 여자들이 "아아, 어쩔 수 없지." "좀, 물러나 계슈." 하고 저마다 말하고 싶은 대로 말해버린다. 할아버지는 어쩔 줄 몰라 하며 여자들의 행동을 말없이 지켜볼 뿐이었다.

그런 여자들도 할아버지를 업신여긴 것은 아니다. 할아버지가 부르면 열일 제쳐두고 "네, 네."라고 대답하면서 즉각 달려갔다.

그런데 할아버지의 방에서 나올 때는 하나같이 '할아버지가 또 무슨 말씀을 하시는지 모르겠다.'는 뉘앙스의 말을 하곤 했다. 그러니까 언뜻 보기에 순종적으로 따르고 있는 것 같지만 실은 처음부터 할아버지가 말하는 대로 할 마음 따위는 없는 것이 늘 있는 일이었던 것이다. 게다가 장사를 비롯해 일가친척의 혼담까지 대부분의 일은 여자들 사이의 대화에서 결정되고, 그것을 남자의 입을 빌려 말하게 했던 모양이다.

요컨대 남자들은 석가모니의 손바닥 안에서 나올 수 없는 손오공처럼 아내나 어머니, 할머니 등 여자들의 손바닥 위에서 살고 있었던 셈이다.

이렇게 말하면 남자들로부터는 반론이 나올지도 모른다. '사내자식이 여자 손바닥 위에서 춤만 추고 있는 것은 용납할 수 없다.'는 것이리라.

그러나 그렇게 해서 여자의 기분이 좋아진다면 그것만으로도 충분하지 않을까? 특히 현역에서 은퇴하고 집에 있는 일이 많아진 남자는 집에서는 아내가 상사라고 생각하는 것이 좋다. 다시 말해서 아내의 손바닥에 올라가 있는 척하는 것이다.

가끔은 농담인 척, 아니면 진지한 얼굴로 "이야, 정말이지 난 아내의 손바닥 위에서 춤만 추고 있으니까……."라고 말해보자. 그러면 남편이 조금 잘못을 해도 아내는 결국 자신의 손바닥 위에서 벌어진 일이라며 너그럽게 봐줄 것이다.

아내가 만만치 않게 "네, 네."라고 말하면서 자신이 하고 싶은 대로 해도, 이쪽에서도 그냥 대수롭지 않게 '그래. 난 당신의 손바닥 위에 올라가 있으니까.'라는 태도로 모른 척하는 것이다. 이것이 우선은 '아내 대책'의 기본 중의 기본이다.

'아내 대책'은 세대에 따라 다르다

부부관계는 결혼하고 나서 함께 보낸 햇수, 혹은 세대에 따라서도 달라진다.

나처럼 결혼한 지 수십 년이 지난 능구렁이가 되면 지금까지 걸어온 부부의 역사 속에서 그 세대마다의 차이를 새삼스럽게 느낀다.

이것에 대해서는 옛날부터 여러 가지로 연구되고 있지만 내가 긍정적으로 생각하며 참고로 삼고 있는 것은 역사학자이자 교토 대학 교수였던 아이다 유지의 말이다.

그는 자신의 명저《겉의 윤리 · 속의 윤리》의 1장 '일본인의 '용서'의 구조'에서 다음과 같이 말하고 있다.

20대의 결혼생활을 맺어주는 인연은 사랑이지만

30대는 노력이고,

40대는 인내,

50대는 포기,

60대가 되어야 비로소 감사가 된다.

20대가 사랑으로 맺어질 수 있는 것은 서로에 대한 신비로움이 동반되기 때문이다. 그러나 30대가 되면 서로에 대한 신선한 감정이 사라지고, 싫은 측면도 서로에게 고스란히 드러나게 된다. 그런데 이것은 피차일반이기 때문에 서로 원만하게 해결하려고 노력한다. 그렇게 부부 사이는 유지된다.

40대가 되면 체력이 약해지기 때문에 노력만으로는 해결할 수 없다. 좀 더 나은 가정을 꾸리려는 적극성도 약해지므로 서로가 인내할 수밖에 없다.

다음으로 50대가 되면 이제는 참는다는 여유조차 없어지게 되어 남는 것은 포기뿐이다. 인생을 무를 수는 없다. 게다가 인연으로 이렇게 된 것이기 때문에 이제 와서 헤어지지 않을 바에는 둘이 함께 살 수밖에 없다고 포기한다. 그러한 30년의 세월을 보내고 부부는 서로에게 단련되어 60대가 되면 감사하게 되는 것이다.

여기서 감사란 부인의 입장에서 보면 오늘날까지 산전수전 다 겪으면서도 어쨌든 용케 서로 손을 잡고 살아온 것에 대한 감사일 테고, 또 남편 쪽에서도 자기 같은 남자를 용케 버리지 않고 따라와준 것에 대한 감사일 것이다.

이처럼 이해할 수 있겠지만, 정말로 그렇다. 그런데 세대를 초월하여 공통적으로 중요한 지적이 한 가지 더 있다.

이케나미 쇼타로의 《검객 장사》 '부침'에 "인간이라는 것은 사리가 맞지 않는 생물이니까……."라는 말이 나오는데 정말로 인간이라는 존재를 논리적으로는 설명할 수 없는 점이 많다.

아이다는 "인간관계라는 것은 이처럼 긍정적인 측면으로만 맺어지는 것이 아니라 부정적인 측면으로도 맺어진다."고 한다. 그리고 그러한 일본인의 인간관이라는 것은 세계적으로도 유례가 없는 깊이를 갖는다고 말하고 있다. 이것은 세대나 시대를 초월한다고 말할 수 있다.

"나는 옳고, 너는 그르지만 용서해준다."

이런 용서 방법은 서양적이고 일본인의 용서 방법과는 다르다.

좀 더 자연스럽게 "너도 칠칠치 못하지만 나도 마찬가지이니까."라고 용서해준다. 그런 의사소통이 일본인의 인간관계의 근간에 있다고 아이다는 지적한다.

부부 사이에서도 이런 일본적인 용서가 중요하다고도 말한다.

이것이야말로 진정 부부 세대론과 함께 부부가 잘 지내기 위한 기본자세가 된다. 그러한 세대에 따른 차이나 세대를 초월한 것을 전제로 부부관계를 생각해보고자 한다.

'같이 있어도 되고, 따로 있어도 되는' 관계를 목표로 한다

내 아내는 내가 지금까지 쓴 150권 이상의 책을 한 권도 읽지 않았다. 이따금 딸이나 사위로부터 "아버지가 이런 걸 썼다."고 들을 때가 있는 모양이다. 그러나 그런 말을 듣고도 "어머, 그러니?" 정도의 반응뿐이다.

나도 어쩌다 "오늘 신문에 광고가 나왔소."라고 먼저 보고하는 경우는 있다. 그러나 "그래요. 잘됐네요. 잘 팔리면 좋겠어요."가 고작이다.

부부의 원점이란 무엇일까? 새삼스럽게 이런 질문을 받게 되면 당황할지도 모르지만 단적으로 말하면 '남녀가 같이 있다'는 것이다. 그러므로 부부가 되고 싶다, 결혼하고 싶다는 것은 단적으로 말하면 남녀가 같이 있고 싶다는 것이 가장 중요한 조건이 된다.

서로 사랑하고 있어도 연인이나 애인이면 같이 산다는 것이 반드시 절대 조건은 아니다. 그러나 부부가 되면 같이 사는 것이 조건이므로 설령 밖에 애인이 생겨도 남편은 아내가 있는 집으로 돌아오는 것이다.

우선은 결혼 직후 두 사람만 같이 사는 생활, 이어서 아이들과 같이 사는 생활을 몇 년간 경험하고 다시 둘만 같이 사는 생활로 돌아간다. 여기서 두 번째 맞게 되는 둘만 같이 사는 생활에 '아내 대책'이 필요하다.

신혼 때의 두 사람과 달리 나이가 먹은 후의 두 사람에겐 '같이 있어도 되고, 따로 있어도 되는' 관계야말로 서로에게 가장 좋은 관계이기 때문이다.

왜일까? 젊을 때의 부부는 아이를 키우는 데도, 살림을 꾸리는 데도, 서로 힘을 합쳐서 목표를 향해 나아가는 삶을 살았다. 그러나 그 관계는 점점 변화를 일으켜서 목표를 추구하지 않는 삶으로 바뀌게 된다. 지금까지 열심히 남편을 내조해온 아내도 슬슬 자신만의 다른 삶을 살아도 되겠다고 느끼기 시작한다.

물론 모든 부부가 헤어져야 된다는 말은 아니다. 남편이 있어야 아내가 있고, 아내가 있어야 남편이 있다는 것에는 변함이 없다.

그러니까 '같이 있어도 되고, 따로 있어도 되는' 관계, 바꿔 말하면 부부는 좋지도 나쁘지도 않은 사이가 좋다고 나는 말하는 것이다.

내 아내는 내가 쓴 책을 한 권도 읽지 않았다. 그런 거리감이 나에게는 오히려 편안하게 느껴진다.

밖에 식사하러 나갈 때도 평소처럼 부부동반으로 나가는 것도 좋지만 아내를 위해 "가끔은 친구들과 식사라도 해요."라고 말하고 근사한 식당을 예약해준다.

아내에게 어떤 새로운 취미가 생겨도 너무 꼬치꼬치 캐묻지 않는다. 따로따로 외출하는 경우도 늘어나고, 집에 같이 있어도 전혀 다른 일을 한다. 그것도 서로 너무 신경 쓰지 않기로 한다.

이것이 신혼시절과는 다른, 나이를 먹은 부부가 목표로 해야 하는 '같이 있어도 되고, 따로 있어도 되는' 경지일 것이다. 여기서 말하는 소위 좋지도 않고 나쁘지도 않은 관계를 목표로 하면 놀랍게도 아내가 자신의 새로운 세계를 찾아내서 생기가 넘치게 될 것이다.

극단적으로 말하면 남편도 그렇게 되면 가만히 있을 수가 없다. 아내가 전에 없이 생기발랄해지고, 우연히 본 모습이나 표정에서 지금까지 본 적이 없는 매력을 발견하는 경우도 있다.

뭐, 그렇게까지는 되지 않아도 그로 인해 아내가 행복해지고, 남편도 남몰래 누긋하게 만족한다. 그런 관계가 될 수 있으면 '아내 대책'은 성공이다.

이처럼 서로가 행복해질 수 있는 '사소한 요령'을 이제부터 소개하고자 한다.

차 례

chapter **2**

행운을 가져다주는 아내

chapter 3

나이를 아무리 먹어도 남자와
여자라는 것을 잊어서는 안 된다

chapter 4

'고맙다'는 표현은 말로 한다

chapter **7**

죽을 때 아내를 칭찬해봐야 아무 소용이 없다

1

남자의 인생에서 의외로 중요한 '아내 대책'

아내를 소중히 여기지 않는 남자는
인생에서 실패한다

11월 22일, '좋은 부부의 날'에 "다시 태어나도 같은 상대를 선택하겠습니까?"라는 설문 결과가 발표되었다. '선택한다'고 답한 것은 남자가 40퍼센트였던 것에 비해 여자는 27퍼센트밖에 안 되었다. 게다가 여자는 50대가 되자 22퍼센트, 60대는 16퍼센트까지 떨어지는 결과가 나왔다.

아내들은 남편의 마음과는 정반대로 이렇게까지 남편에게 불만을 갖고 포기하고 있다. 나이를 먹을수록 더 그렇다. 남자들이 얼마나 아내 대책을 게을리 하고 있는지 남편 족의 한 사람으로서 나는 큰 충격을 받았다.

사회의 최소 단위는 가정이다. 가정의 주인은 아내다. 그런 아내를 소중히 여기지 않고 잘하지 못하는 남자가 좀 더 큰 사회인 회사나 조직, 더 나아가서는 국가의 일을 훌륭하게 해낼 수는 없다.

그런 점에서 다나카 가쿠에이라는 정치가는 훌륭했다. 그가 결혼한 하나 부인은 여덟 살 연상의 이혼 경력이 있고 아홉 살짜리 여자아이도 딸려 있었다. 그래도 아내가 되어달라고 청혼하는 가쿠에이에게 하나 부인은 다음 세 가지를 약속해달라고 했다.

> ∨ 나가라고 말하지 않을 것
> ∨ 나쁜 짓을 하지 않을 것
> ∨ 앞으로 니주바시二重橋(황궁의 입구 - 옮긴이)를 건널 일이 있을 때는 자신을 데리고 갈 것

이 세 가지만 지켜주면 아무리 힘든 일이 있어도 같이 가겠다고 말했다고 한다.

바람기가 어떻다느니 그런 개인적인 것을 말하지 않고 아직 스물네 살밖에 안 된 남편의 황궁으로 들어가는 모습을 떠올렸다니 그저 놀라울 따름이다. 이것은 아내의 혜안이라기보다 가쿠에이가 아내에게 그렇게 느끼도록 무언가를 갖고 있었기 때문이리라.

그리고 가쿠에이는 멋지게 이 세 가지 약속을 지켰다. 물론 애인이나 숨겨둔 자식이 있었던 것도 주지의 사실이다. 그러나 아무리 바람을 피워도 그는 늘 부인에게 경의를 표했다. 부인도 세 가지 약속이 지켜지고 자신이 남편에게는 소중한 사람으로 여겨지고 있다는

것을 자각하고 있었다. 그렇기 때문에 남편을 배신하지 않고 끝까지 그를 위해 내조에 힘썼던 것이다.

가쿠에이는 말년에 록히드 사건으로 사회적인 규탄을 받기도 했지만 아직도 그의 정치력을 높게 평가하는 사람들은 많다. 그 또한 아내를 소중하게 생각해온 덕이 크다고 한다.

나는 정치가가 성인군자일 필요는 없다고 생각한다. 애인이 있든, 사소한 부정을 저질렀든, 정치가는 어디까지나 정치가로서 얼마나 훌륭한 일을 했느냐로 평가받아야 한다.

정치가가 아니더라도 남자라면 어느 정도는 비슷하다. 자신이 해야 할 일을 빈틈없이 하고 있으면 사소한 일에 트집이 잡히는 경우는 드물다. 그러나 그것도 가쿠에이의 아내처럼 아내가 자신을 믿고 따라주어야 가능한 일이다.

아내도 자신이 남편에게 소중한 사람으로 여겨진다는 자각이 있다면, 설사 남편이 사소한 잘못을 저질렀다 해도 무턱대고 소란을 떨며 남편을 난처하게 만들어서는 안 된다.

소중히 여긴다는 것은 일부러 역겹게 간살을 부리는 것이 아니다. 가쿠에이의 세 가지 약속처럼 아내를 존중하며 경의를 잊지 않는 것이다.

아내를 소중히 여기지 않으면 돌고 돌아서 결국 자신을 망치게 된다. 그리고 "다시 태어나면 지금의 남편을 또 선택할 생각이 없다."는 말이나 아내에게 듣게 될 뿐이다.

아내 한 명을 '마음대로 조종'하지 못하면서 무슨 일이고 인생인가

야구 평론가인 노무라 가쓰야도 다나카 가쿠에이와 마찬가지로 아내와의 관계가 아주 흥미로운 사람 중 한 명이다.

단적으로 말하면 그는 기량이 뛰어난 남자는 아내를 '마음대로 조종하는', 다시 말해서 아내 조종법에도 뛰어난 남자의 견본이다.

그는 종종 "우리 집은 마누라 천하다."라고 사치요 부인이 부부간의 리더 역할을 하고 있다는 듯 말한다. 그러나 내가 본 바에 따르면 그는 꽤나 의식적으로 그 말을 내세우고 있다.

이것은 일종의 조종법이다. 그는 머리가 좋아서 일부러 그런 말로 '마누라'를 기쁘게 해주고 기분 좋게 해주는 것이다. "마누라는 위대해."라는 말을 듣고 화낼 아내는 없고, 사람은 누구든 주위로부터 그런 평가를 받으면 실제로도 그런 사람이 되게 마련이다.

어쩌면 사치요 부인을 '괴물' 같은 존재로 만들어낸 것도 노무라의 전략일지 모른다. 사치요 부인이 강하고 열성적인 아내로 세상에 알려지며 사람들로부터 인기인이 되었기 때문이다.

이 아내 조종법은 일이나 인생과도 관계가 있다.

아내 한 명을 마음대로 조종하지 못하면서 무슨 일이고 인생이냐는 말이다.

나는 야구 감독이라는 일은 남자에겐 최고의 비즈니스라고 생각한다. 그 이유는 이 인간 조종법을 충분히, 그리고 제대로 발휘할 수 있기 때문이다.

만년 최하위였던 야구팀이 선수는 거의 그대로인데 감독이 교체되고 나서 상위권으로 치고 올라가는, 기적과 같은 일이 일어나는 경우가 있다. 그러나 그것은 사실 기적도 아무것도 아니다. 감독의 선수 조종법이 뛰어났기 때문이다.

내 생각에 남자에게 있어서 선망의 3대 직업은 야구 감독과 오케스트라 지휘자, 연합 함대의 총사령관이다. 야구 감독은 사인 한 번, 지휘자는 지휘봉 하나로 집단을 생각대로 움직인다. 연합 함대의 사령관이라면 명령 한마디로 복수의 함대에 소속되어 있는 수백 척의 배와 수천 명의 장병을 작전대로 움직일 수 있다. 이러한 일이야말로 남자의 인간 조종법을 제대로 시행해볼 수 있는 일이다.

이처럼 뛰어난 인간 조종법은 당연히 스스로의 '인생 조종'에 있어서도 효과를 발휘한다.

전에 어느 잡지의 인터뷰 기사에서 노무라가 한 말을 잊을 수가 없다. 그는 "선수들도 언젠가는 야구를 그만둔다. 그리고 선수가 아닌 일반인으로서 살아가는 인생이 훨씬 길다."라고 말했다. 선수들이 스타가 아니라 이른바 일반인이 되었을 때까지 배려하여 선수를 키웠던 것이다.

노무라는 같은 세대의 미스터 자이언츠인 나가시마 시게오와 자신을 비교하며 "그쪽은 해바라기, 나는 달맞이꽃."이라고 예를 든 적이 있다.

그러나 천재적인 자질을 갖추고 좌절이란 걸 모르는 해바라기와 좌절도 겪으면서 명감독의 명성을 얻은 달맞이꽃 중 어느 쪽이 인생의 달인인지를 고르라고 하면 나는 노무라에게 한 표를 던질 수밖에 없다.

즉, 좌절을 겪으면서 세상의 쓴맛 단맛 다 본 사람인 달맞이꽃 쪽이 아내 한 명을 자유자재로 조종할 수 있는 것이다. 결국 그것은 아내뿐만이 아니라 넓게는 인간 일반의 조종법으로 이어지고, 인간 조종은 '일 조종' '인생 조종'으로 연결된다.

'마누라 천하'가 실은 '남편 천하'에 의한 고도의 아내 조종법인 셈이다.

부자가 되어도
아내가 나쁘면 불행하다

아내 조종에 실패하면 남편이 힘들게 고생해서 부자가 되어도 아무 소용이 없는 경우가 있다.

샐러리맨이었던 어느 남자가 사업가의 꿈을 안고 IT 사업에 뛰어들었다. 오랫동안 친분을 쌓아온 선배들도 많은 자금을 출자하며 주주가 되어주었다.

풍부한 자금을 확보하고 시류도 제대로 타면서 그의 사업은 순조롭게 성장했고, 수입도 늘어나서 어느덧 그는 고소득자의 말단에 이름을 올리게 되었다.

그런데 부자가 되었는데도 그는 그것을 전혀 실감할 수 없는 것을 깨달았다. 원인은 아내의 소비 습관에 있었다. 그의 수입이 늘어나자 아내는 일주일이 멀다 하고 미용실에 가고, 스포츠클럽의 회원이 되고, 고가의 명품을 사들이게 되었다.

이 단계에서 그는 아내와의 관계를 좀 더 진지하게 생각해봐야 했다. 그러나 그 자신도 우쭐해지고 말았다. 일에만 매달리고 계집질을 하느라 가정도 아내도 돌아보지 않게 되었다. 아내가 품고 있을지도 모르는 불만이나 외로움도 전혀 눈치 채지 못했다.

이렇게 조종에 실패한 아내의 낭비를 꾸짖으려고 하자 "이만한 회사의 사장이 되었으니까 나도 그에 어울리는 아내가 되어야 당신이 부끄럽지 않지."라고 대꾸한다.

실로 당치도 않은 착각이다. 겉모습을 아무리 멋들어지게 꾸며도 내용물이 변변치 않으면 오히려 그 변변치 않은 내용물이 더 눈에 띌 뿐이다.

아내의 착각은 고쳐지기는커녕 점점 더 심해져서 결국 주위 사람들에게 안하무인이 되어버렸다. 무엇이든 용납된다고 생각했는지 레스토랑에 가면 웨이트리스를 하인 부리듯 거만하게 굴고, 택시를 타면 "팁을 주면 되잖아요."라는 말로 후진도 할 수 없는 좁은 골목길까지 들어가자고 우긴다.

돈에 대한 사고방식은 그 사람의 인격을 나타내는 바로미터다. 이 여자는 남편이 돈을 좀 벌었다고 자신이 마치 대단한 사람이라도 된 양 착각에 빠졌다. 그녀가 사람을 판단하는 가치 기준은 돈이 있느냐 없느냐가 되어버렸다.

실로 '호가호위狐假虎威'하게 된 그녀는 남편의 인간관계에도 악영향을 끼치기 시작했다. 사업이 지금처럼 성공한 것은 100퍼센트 남편의 능력 때문이라고 믿고 남편의 창업에 투자해준 은인들까지 멀리하기 시작했던 것이다.

결국 이 남편은 아내를 조종하기는커녕 '그 아내에 그 남편'이라고 과거의 성실함을 잃고, 경영 감각도 상실해버렸다. 그리고 무위도식하는 아내가 재산을 탕진하는 것도 한 원인이 되어 몰락의 길을 걸었던 것이다.

창업 초기에 함께 고생한 동료는 그런 그들의 마지막 모습을 보고 가난하지만 서로 위로해가며 살던 때의 그들이 얼마나 행복해 보였는지 모른다고 안타까워했다.

부자가 되어도 아내가 이런 상태라면 가정은 편안히 쉴 수 있는 곳이 되지 못한다. 남자에게 가정이 편안히 쉴 수 있는 곳이냐 그렇지 못한 곳이냐는 조건은 인생의 모든 것에 영향을 끼친다. 결과적으로 모처럼 얻은 경제적인 여유도 잃는 처지가 되고 마는 것이다.

우울해진 남자에게는
'아내의 태연함'이 가장 좋은 약

부자가 되어도 아내가 어떤 사람이냐에 따라서는 오히려 그 돈이 독이 될 수 있다. 반대로 남편이 사업 등에서 큰 실패를 했을 때 '전화위복'이 된다고 아내에 대한 감사를 재확인할 수 있는 경우도 있다.

남자와 일은 표리일체인 면이 있기 때문에 일이 잘되지 않으면 자기 자신에게 실망하게 된다. 앞날이 캄캄해지며 자신감을 상실하게 되고, 정신과가 눈앞에 아른거릴 정도로 우울해지는 경우도 있다. 남자는 약한 존재다. 그러나 의사를 찾아가도 이렇게 우울해진 남자에게 처방해줄 수 있는 약은 없다.

실은 이런 남자에게 가장 효과적인 약이 '아내의 태연함'이다.

그렇지 않아도 일 문제로 머리가 복잡한데 집안 문제까지 신경 써야 한다. 남자는 약할 뿐만 아니라 괴로운 존재다. 자연스럽게 집에 돌아오는 발걸음도 무거워진다. 그럴 때 아내가 푸념을 하며 꼬치꼬치 캐묻지 않고 아무렇지도 않게 태연한 얼굴로 남편을 맞아준다면 왠지 모르게 구원을 받은 듯한 기분이 들 것이다.

"결혼했을 때는 방 한 칸짜리 집에서도 잘 살았으니까 다시 한 번 그때로 돌아갔다고 생각하면 되잖아요. 괜찮아요."

이렇게 태연한 얼굴로 말해준다면 남자는 어깨가 한결 가벼워져서 우울한 기분에서 쉽게 빠져나올 수 있다.

실제로 사업에 실패하여 집을 잃게 된 남자가 "아내가 태연한 얼굴로 오히려 자기가 먼저 힘을 내준 덕에 많은 도움이 되었다."고 말한 것을 들은 적이 있다.

그가 집을 처분하게 되었을 때 부동산 업자가 비싸게 팔아주겠다며 찾아왔다. 그런데 아내는 그런 상황을 오히려 재미있어하면서 대응하고 있는 것처럼 보이기까지 했다.

그러나 업자 한 명이 "제로에서 새 출발하는 데 도움이 되고 싶습니다."라고 말했을 때 아내는 발끈했다.

"웃기지 마세요. 이런 보잘것없는 집 한 채 없어지는 것 갖고 제로에서 새 출발이니 뭐니 단정 짓지 말라고요!"라고 쏘아붙였다. 부동산 업자는 "네? 그럼 다른 곳에도 부동산을 갖고 있습니까?"라고 물었지만 물론 그런 의미는 아니었다.

그녀가 그렇게 쏘아붙인 것에는 부동산 외에도 남편은 인맥이라든가 일의 노하우 등 눈에 보이지는 않지만 큰 재산을 갖고 있기 때문에 걱정할 게 없고, 제로가 아니라는 의미가 있었다.

나도 회사를 그만두고 독립했을 때 불안한 마음이 없었던 것은 아니다. 그러나 아내가 태연한 모습을 보여주었기 때문에 얼마나 많은 도움이 되었는지 모른다.

사업 파트너를 불러서 새벽 2시, 3시까지 회의를 거듭하고 있을 때 차나 식사를 가져다 준 아내의 평소와 다름없는 '태연함' 덕분에 지금까지 어떻게든 해올 수 있었지 싶다.

요컨대 남자는 아내하기 나름이다. 특히 일 때문에 우울해 있을 때면 '아내의 태연함'만큼 남자를 회복시켜주는 '특효약'은 없다.

업무 전략이 난관에 봉착했을 때도 아내의 '태연함'은 형세 역전의 가장 좋은 '비밀병기'가 된다.

여자의 '강함'을
인정해야 남자가 산다

"약한 자여 그대의 이름은 여자."라는 셰익스피어의 말이 지금은 바뀌어서 "약한 자여 그대의 이름은 남자."가 된 것이 현실이다.

생물학적으로 봐도 실은 여자가 남자보다 강하다는 것은 널리 알려져 있다. 예를 들면 게토ghetto(중세 이후의 유럽 각 지역에서 유대인을 강제 격리하기 위해 설정한 유대인 거주 지역 - 옮긴이)에 수용된 유대인을 그린 《밤과 안개》(빅터 프랭클)에 이런 말이 나온다.

"언젠가 수용자들 사이에 크리스마스 특별사면이 있다는 소문이 돌았다. 모두들 기대에 부풀어 특별사면이 발표되기만을 기다렸다. 그런데 실제로 특별사면은 실행되지 않았다. 그 다음 날 사람들이 여기저기서 죽었다. 그 대부분이 남자였다."

내일의 운명도 모르는 극한의 상황에서도 여자들은 이토록 강하다. 남자는 뚝 꺾여버리지만 여자는 그리 쉽게 꺾이지 않는다.

비행기 사고 같은 것을 봐도 살아남는 것은 대개 여자다. 평균수명도 여자가 훨씬 길다. 2011년 통계에 의하면 일본의 65세 이상 인구는 남성이 1,268만 명, 여성이 1,707만 명이라고 한다.

생명력만 봐도 여자는 이처럼 무서울 정도로 강하다.

면역학자인 다다 도미오는 이것을 "여자는 실체이지만, 남자는 현상이다."라는 표현으로 그 차이를 언급했다.

바꿔 말하면 여자는 자신의 육체나 가사라는 구체적인 실체에 근거하여 무의식적으로 행동하고, 남자는 돈이라든가 명예, 직위 같은 실체가 없는 추상적인 것에 사로잡혀 의식적으로 행동한다는 것이다. 아무래도 용두사미가 되어 본능적으로 행동하는 여자보다 약해진다.

그런 의미에서도 아내가 남편을 지탱해주고 있는 부분은 크다. 남자는 역시 부서지기 쉬운 존재다.

그러므로 남자는 "돈을 벌어다 주는 것은 나야."라든가 "누구 덕에 먹고살 수 있는지 생각해봐." 따위로 아내에게 거드름을 피워서는 안 된다. 여자의 '강함'을 충분히 인정하고 감사히 여기는 것이 부부 사이를 좋은 방향으로 이끌어준다. 그렇게 하는 것이 남자로서 살아남는 방법이고, 또 성공의 원동력이다.

아내는 남자가 살아가기 위한 토대이고, 남자가 일을 하는 데 있어서 토양과 같은 존재다. 이 흙이 기름지지 않으면 좋은 싹을 틔울 수가 없는 것은 말할 필요도 없을 것이다.

토양이 좋아야 비로소 건강한 싹이 트고, 그 싹이 무럭무럭 자라서 큰 나무가 된다. 남자가 일이나 인생의 싹을 틔우고, 가지를 뻗고, 아름다운 꽃을 피우기 위해서는 그 토양인 아내에게 좋은 양분을 주어야만 한다.

그래야지만 아내는 여자 본래의 강함을 발휘하여 작은 폭풍에도 끄떡없는 토양으로 남자를 지켜준다. 남자의 인생에서 이처럼 '강한' 아내만큼 소중한 것은 없다. 그러므로 '아내 대책'을 게을리 해서는 안 된다.

우선은 아내에게
'보조'를 맞춘다

그럼 남자의 인생에서 중요한 '아내 대책'은 구체적으로 어떻게 세워야 할까?

프롤로그에서 말한 '사소한 요령'의 첫걸음은 '맞추는 것'이다. 즉, 아내의 생활 방식을 존중하여 그 보조를 맞추는 것이다.

아내가 남편에게 갖는 불만 중에서 의외로 많은 것이 외출했을 때 남편이 자기 페이스로 걷는 것이라고 한다. 단순한 보폭의 차이라고 얕보아서는 안 된다. 이 상징적인 페이스의 불일치가 인생의 보조의 불일치로 이어지고, 아내의 불만을 심화시키게 되는 것이다.

"자꾸 먼저 가버리니까 도중에 좀 보고 싶은 것이 있어도 볼 수 없고, 화장실에도 갈 수 없잖아요."

"그럼, 불러 세우면 되잖아."

"목소리가 들리지 않을 정도로 멀리 있는데 어떡해요? 그렇다고 설마 화장실 간다고 소리칠 수도 없잖아요. 저기에 마음에 꼭 드는 원피스가 있었는데……. 그것도 보지 못했단 말이에요."

"그럼, 돌아갈까?"

"됐어요. 돌아가도 살지 안 살지 모르고."

이처럼 사소한 것에서 싸움이 시작되고, 아내의 불만스러운 얼굴을 보면 남편도 기분이 나빠진다.

실은 우리 부부에게도 이와 비슷한 경우가 종종 있다. 단지 우리는 처음에 불만을 말하는 쪽이 나다.

"좀 빨리 걸어요. 걷는 게 느리니까……. 여럿이서 여행이라도 가게 되면 당신 때문에 다 늦어지게 되잖아."

따위로 무심코 말해버린다. 나는 성질이 급한 편이라 이런 식의 말을 종종 한다. 예를 들어 신호가 파란색으로 바뀌어서 건너고 싶은데 아내가 오기를 기다리고 있는 동안 신호가 빨간색으로 바뀌면 나는 역시 "좀 서두르란 말이야. 신호가 두 번이나 바뀌었잖아!"라고 말해버린다.

그러나 언젠가 뒤에서 아내가 넘어진 것을 몰랐을 때는 나도 반성하지 않을 수가 없었다. 성큼성큼 걸어서 지하철 계단을 올라가는 나를 놓치지 않으려고 아내는 서둘러서 개찰구를 빠져나오다가 넘어진 모양이다.

내가 반성한 것은 아내가 늦는다고 생각하면서도 찾으러 돌아가려고 하지 않았기 때문이다. 계단을 다 올라가서 기다리고 있다가 다리를 절룩거리면서 올라오는 아내를 보고 무심코 "왜 이렇게 늦었어? 뭘 하고 있었던 거야?"라고 말하기에 앞서 절룩거리는 다리를 걱정해주지 않았다.

평소에는 웬만한 일에도 좀처럼 불평을 하지 않는 아내가 이날만은 몹시 화를 냈다.

"당신이 전혀 뒤를 돌아보지 않으니까 모르잖아요. 넘어져서 사람들이 도와주는 데 얼마나 창피했는지 알아요?"

남자는 모두 어쩌면 이와 비슷한 경험을 했을지도 모른다. 같이 걸을 때는 역시 아내에게 페이스를 맞추는 것이 좋다. 적어도 거리를 줄이는 정도의 노력은 해야 한다.

이것이 정말로 '인생의 보조'로 이어지기 때문이다. 남자는 자칫 자기도 모르게 곁눈질도 하지 않고 똑바로 목적지를 향해서만 걸어간다. 가끔은 잠깐 멈춰서거나 돌아보며 아내에게 보조를 맞추는 것이 중요하다. 이것은 자기반성에서 우러나온 진심어린 말이다.

아내의 페이스란 아내의 관심사나 흥밋거리를 의미하는 경우가 많다. 그러므로 페이스를 맞추는 것은 아내의 관심사나 흥밋거리에 눈을 돌리는 것이고, 거기서 지금까지 보지 못했던 의외의 것을 발견하는 경우도 있다.

다시 한 번 말하면 남자로서 궁극적인 목표로 삼아야 하는 것은 다음과 같을 것이다.

탤런트이자 에세이스트인 다카미 교코는 작가인 다카미 준의 딸인데 아버지에 대한 추억을 다음과 같이 이야기하고 있다. 부모님과 긴자에 갔을 때 아버지는 혼자 성큼성큼 걸어가 버리고 어머니와 자신은 그 뒤에서 몇 걸음 처져서 따라갔다.

　그런데 제멋대로일 것 같아 보이는 아버지를 따라가서 그 뒷모습을 보며 어머니와 자기는 왠지 모르게 너무나 행복했다는 것이다. 어쩌면 다카미 준은 절묘한 간격이라는 것을 터득하고 있었는지도 모르지만, 무엇보다도 '이 사람을 따라가면 절대로 괜찮다.'는 안심감을 주었던 것이리라.

　이러한 안심감을 줄 수 있는 것이야말로 남편이자 아버지의 기량이라는 것이 아닐까? 그 경지에까지 도달하기는 쉽지 않겠지만 꼭 목표로 삼기를 권한다.

서로의 '차이'는
인정하는 게 좋다

'아내 대책'의 기본이 되는 첫걸음은 '맞추는 것'이라고 했다. '맞춘다'는 것은 서로 다른 존재라는 것이 전제조건이다. 역설적인 말이지만 '맞추기' 위해서는 '서로의 차이'를 알고 있는 것이 중요하다.

오히려 이 차이에 가치가 있다. 연출가인 와다 쓰토무와 의상 디자이너인 와다 에미 부부가 일전에 《주간 아사히》가 편집한 〈결혼 · 남자와 여자의 주장 PARTⅡ〉에 등장했을 때 와다 쓰토무는 이렇게 말했다.

"일본에서는 부부간의 화합이니 닮은 부부가 좋다고들 하는데 나는 그 말이 정말 싫어요. 그게 아니라 '다른' 것을 찾는, 그 최소 단위가 결혼이라고 생각합니다. (중략) 가족은 가장 가까우면서도 다르다는 문화의 최소 단위를 목표로 해야 한다는 말이죠."

보통의 평범한 부부는 '문화의 최소 단위'라고 할 정도로 거창한 것은 아니겠지만, 그래도 애초에 자란 환경도 성격도 다른 사람이 만나서 맺어진 부부는 서로의 차이를 존중해주는 것이 좋다.

부부싸움을 해도 그 차이를 인정한 후에 화내거나 신경질을 부리지 않는 방법을 생각하는 것이 건설적이다. 아니, 차이를 잘 모르면 대책을 강구할 방법이 없다.

태평한 성격은 완행열차를 타고 여행하는 것과 같다. 창밖의 경치는 천천히 흘러간다. 허둥지둥 서두르는 여행에서는 절대로 볼 수 없는 경치다. 반대로 조급한 성격은 고속열차와 같아서 도중의 경치는 확실히 잘 보이지 않는다. 그러나 목적지에 빨리 도착하여 거기서 여유를 가질 수 있다.

그렇게 생각하면 오히려 서로의 차이를 인정할 때 얻을 수 있는 것이 많아진다는 것을 알 수 있다. 인생이라는 여행도 그 편이 재미있어지는 것은 틀림없다.

이런 이야기도 있다. 남편은 초등학생 시절 여름방학 숙제를 전혀 하지 않고 놀기만 하다가 마지막 날에 어쩔 수 없이 벼락치기로 하는 타입이었다. 그런 남자와 결혼한 아내는 반대로 여름방학이 되면 먼저 숙제부터 다 해놓지 않으면 놀지 않는 타입이었다.

결혼한 두 사람은 모든 생활에서 그러한 성격이 드러나 처음엔 싸움이 끊이지 않았다. 그런데 상대에게 불평하기를 단념했을 때 각자의 성격에서 마이너스적인 측면이 아니라 플러스적인 측면이 보이기 시작했다.

남편은 아내의 요구를 견디다 못해 도망치고 싶었지만, 어느 날 "항복이야. 난 당신처럼은 할 수 없어."라며 백기를 들었다.

아내는 "할 수 없지요."라고 말하면서도 아주 만족스러운 듯 남편을 내조하며 오히려 생기발랄해졌다.

그리고 남편의 그런 생활 방식을 100퍼센트라고는 말할 수 없지만 꽤 많은 부분 인정하게 되었다. 막다른 상황에서도 일에 몰두하는 남편의 그야말로 '극한 상황에서 발휘된 초능력'과 같은 박력에 감동하여 매력도 느끼기 시작했던 것이다.

차이는 각자의 개성이므로 오히려 서로가 이해하고 알아주는 것이 좋다. 그렇게 함으로써 부부가 모두 얻는 것이 많다.

젊어서 죽은 1900년대 초기의 동요 시인 가네코 미스즈의 시 〈나와 작은 새와 방울과〉에 나온 '모두 다르고 모두 좋다'는 말이 인상적으로 다가온다.

'공기 같은 존재'에
새로운 바람을 불어넣는 방법

아내와의 관계에 있어서 '맞춘다'느니 '차이를 안다'느니 하는 말은 평소에 의식하고 있지 않았던 서로의 일면에 관심을 기울이라는 말이다. 이것을 좀 더 넓게 해석하면 부부는 '공기 같은 존재'라는, 그 '공기'에 새로운 바람을 불어넣는 것이기도 하다.

물론 '공기 같은 존재'에 부정적인 의미만 있는 것은 아니다. 평소에는 공기의 존재를 의식하지 못하지만 만약 공기가 없어지면 인간은 살 수가 없다. 그만큼 중요한 존재다.

그럼 평소에는 냄새도 나지 않고 그 흐름도 느껴지지 않는 '공기'에 조금이라도 냄새나 온도의 변화를 일으킬 새로운 바람을 불어넣어보면 어떨까?

실은 이 새로운 바람에 의해 지금까지의 '공기'가 몰라볼 정도로 생기 있는 모습으로 바뀌어 보이게 된다. 그 새로운 바람으로서 쉽게 적용할 수 있는 것이 새로운 취미다.

어떤 사람이 아내와 함께 골프를 시작했다. 그런데 골프를 시작하면서 오랫동안 익숙해져서 그 존재조차 의식하지 못했던 아내의 의외의 매력을 재발견했다.

주지하는 바와 같이 골프웨어에는 나이의 차이가 있다. 외국의 노인은 나이가 많으면 많을수록 화려한 색상의 복장을 선호하지만 일본에서는 아직까지 그런 사람은 드물다. 그의 아내도 평소에는 화려한 색을 피하는 사람이었다.

그러니 아내가 선명한 색깔의 폴로셔츠에 세련된 퀼로트 스커트 차림으로 탈의실에서 나오는 모습을 보고 '앗!' 하고 놀라는 것도 당연할 터. 그리고 자상하게 아내를 가르치는 동안 오랜만에 설렘조차 느꼈다는 것이다. 운동을 하고 있을 때는 무의식중에 이야기꽃을 피우는 경우도 있다. 이 또한 또 다른 효과다.

그 외에도 꽃꽂이라든가 다도와 같이 전통적인 취미를 공유하는 것도 좋다. 아내의 권유로 다도 교육장에 갔다가 여자들의 전통 복장을 입은 우아한 모습에 이끌려 다도를 배우기 시작한 남자도 있다. 실력이 전혀 늘지 않아서 가르쳐주는 아내에게 고개를 들 수 없었지만, 그것이 아내의 체면을 세워주는 절호의 기회가 되었다고 한다.

어느 것이나 정체되어 있던 부부의 '공기'에 새로운 바람을 불어넣는다는 점에서 참고가 되는 것은 틀림없다.

맞벌이하는 아내의 고생을
이해한다

다양한 부부의 형태 중에서 중장년층 세대의 부부와 요즘 세대가 크게 다른 것은 맞벌이가 당연해졌다는 것이다. 이 차이가 나타난 것에는 배려가 큰 역할을 한다.

예를 들면 남편이 홀로 지방으로 발령받아 주말에만 집에 오는 가정의 경우, 일주일에 한 번의 귀가를 아내가 좋아하는 경우와 좋아하지 않는 경우가 있다.

"남편은 건강하고 집에 없는 것이 좋다."라는 말에 공감하는 아내가 많듯이 아내는 남편이 돈만 벌어다 주면 없는 게 나은 모양이다.

확실히 집에 자식들과 자기뿐이라면 집안일을 조금 소홀히 해도 되고, 아침에 늦게까지 자도 불평하거나 싫은 소리를 할 사람은 없다. 따라서 편한 것에 익숙해진 아내는 남편의 존재가 자기도 모르는 사이에 귀찮아진다.

물론 타지에 나가 있는 남편이 돌아오기를 손꼽아 기다리는 아내도 있다. 다만 그 이유라는 것이 지금까지와는 조금 다른 것 같다. 사랑하는 남편과 오랜만에 같이 있을 수 있다는 단순한 것만은 아닌 듯하다.

맞벌이를 하는 어느 아내의 이야기를 읽고 난 깜짝 놀랐다. 남편이 집에 오면 무엇이 가장 좋으냐는 질문에 그녀는 휴일에 늦게까지 잘 수 있다는 것이라고 대답했다.

다시 말해서 그 정도로 요즘의 일하는 아내는 피곤하다는 말이다. 맞벌이를 하지 않으면 대출금도 갚을 수 없기 때문이리라. 아이가 있으면 아침에 일찍 일어나서 도시락을 싸고, 아침식사를 차리고, 빨래를 널고, 저녁식사 준비를 해놓고, 아이가 어리면 보육원까지 데려다 주고 나서야 출근한다. 몸이 열 개라도 모자랄 정도로 바쁘다.

그런데 일주일 만에 집에 온 남편이 아이를 돌보거나 청소기를 돌려주면 자신은 여유롭게 늦게까지 잘 수 있다. 이것만큼 좋은 일은 없다고 한다.

타지에 있는 남편의 귀가가 좋은지 좋지 않은지의 경계는 여기에 있다. 요는 맞벌이를 하는 아내가 고생하고 있다는 것을 남편이 이해하고 있느냐 어떠냐다.

만약 당신이 타지의 직장에 다니는 관계로 이따금 집에 돌아갔을 때 아내의 기분이 나빠져 있다면 그 이유를 곰곰이 생각해보아야 한다. 위로의 말을 한마디 해주는 것만으로도 아내의 태도에는 큰 차이가 생길 것이다.

나는 맞벌이하는 여성은 힘들겠다고 생각하는 것과 동시에 정말 대단하다고 감탄한다. 그렇게 생각하는 이유 중 하나는 일하는 방식이 좋아졌다는 것이다.

예를 들면 일하는 방식에는 정규 고용과 비정규 고용이 있는데 그녀들은 이 두 가지 방법을 교묘하게 번갈아가며 이용하고 있다. 아이를 키우기 위해 퇴직을 생각할 때는 정규직에서 비정규직으로 바꾼 다음 퇴직하고, 그 후 다시 복직할 때는 비정규직으로 들어와 정규직을 목표로 하는 식이다. 기업의 입장에서도 앞으로는 이런 여성이 늘어나는 것을 환영할 것이다. 여성의 능력을 최대한으로 끌어내어 전력에 투입할 수 있기 때문이다.

이러한 시류에 가장 뒤처지고 있는 것은 어쩌면 남편 족일지도 모른다. 역시 맞벌이하는 아내의 고생을 좀 더 이해하고, 휴일의 귀가를 좋아할 수 있도록 노력해야 할 것이다. 이것은 홀로 타지에 가 있는 남편에 한정된 말이 아닐지도 모른다.

서로 완벽함을 추구하지 않고 50퍼센트씩 나눠서 해도 된다

심리학에 '요구 수준'이라는 말이 있다. 어떤 목표를 설정할 때의 기준을 말하는데, 지금까지 말한 것도 부부가 서로에 대한 기대나 바람 등, 요구하는 정도의 차이, 즉 '요구 수준'의 차이에서 오는 문제가 대부분이었다.

'아내 대책'이란 바꿔 말하면 이 '요구 수준'을 아내의 입장에서 보며 잘 클리어하는 지혜의 추구라고 할 수 있다.

'모타 씨'로 친숙한 정신과 의사 사이토 시게타는 젊었을 때 아내에게 100퍼센트를 요구하여 부부싸움이 끊이지 않았다고 한다. 이래선 안 되겠다고 생각한 그는 어느 날 "당신은 60퍼센트만 해도 돼. 너무 열심히 하지 않아도 되니까……."라고 아내에게 선언했다. 그러자 아내도 남편에게 100퍼센트를 요구하지 않게 되어 쓸데없는 부부싸움은 하지 않게 되었다고 한다.

그로부터 몇 년 후 시게타의 생일 때 아내에게 받은 생일 축하 카드에는 '40퍼센트짜리 아내로부터'라고 쓰여 있었다고 한다. 60퍼센트에도 미치지 못하는 40퍼센트짜리 아내라서 미안하다는 마음의 표시였으리라.

다나베 세이코의 경우도 조금 다르지만 사고방식은 같다. 네 명의 아이와 시어머니, 시누이까지 있는 그에게서 프러포즈를 받은 세이코는 "난 작가로서 성공하고 싶다. 결혼하면 작가로서도 아내로서도 어중간해진다."는 말로 거절했다고 한다.

그러자 그는 "작가로서 50점, 아내로서 50점, 합쳐서 100점이면 되지 않겠느냐."며 설득했다고 한다. 엉겁결에 설득이 되어서 결혼하게 되었다지만, 그 말을 들은 세이코의 작가로서의 활약과 금슬 좋은 부부 사이는 일찍이 알려진 바와 같다.

세이코는 확실히 100점짜리 주부는 되지 못했다. 그러나 오히려 너무 완벽한 아내가 되는 것보다는 훨씬 낫지 않았을까? 너무 완벽한 아내라는 것은 100퍼센트를 목표로 자신의 능력 이상으로 노력하다가 그것이 오히려 마이너스가 되는 경우가 있다.

예를 들면 열 살이나 어린 아내를 맞이한 한 남자는 그녀가 100퍼센트에 가까운 완벽한 아내였기 때문에 안심하고 있었다. 아내도 어쨌든 남편이 먼저 죽는다고 생각하고 "남편을 보낸 후의 생활을 즐기고 싶다."는 식으로 말했지만, 세상 일이 예상대로만 되는 것은 아니어서 아내가 50대의 젊은 나이로 갑자기 죽어버렸다. 남편은 예금 통장은커녕 자신의 양복바지가 어디 있는 줄도 모르고, 완전히 공황 상태에 빠져버렸다.

남편 쪽도 너무 완벽한 것은 좋지 않다. 머리도 좋고 일도 잘하고, 심지어 집안일이나 가계의 변통까지 다 맡아서 해버리면 아내는 설 자리가 없다. 집에 돌아오자마자 테이블의 먼지를 손가락으로 점검 하고 걸레로 닦기 시작하는 등의 행동을 하는 남편에게선 아내가 도 망치고 싶어지는 것은 당연하다.

역시 일은 잘하지만 돈에는 좀 야무지지 못하거나 정리정돈이 서 툰 '50퍼센트짜리 남편' 쪽이 아내에겐 마음 편히 지낼 수 있는 상대 이고, 서로에게도 그 편이 좋다.

에이 로쿠스케의 《남편과 아내》에 이런 대사가 나온다.

"아내를 베터하프better half라고 합니다. 베스트하프라고는 하지 않 지요. 베스트가 아니라서 좋은 것입니다. 베터이니까 아내로 있을 수 있는 겁니다."

부부는 "헌 짚신에도 짝이 있다."는 말처럼 서로 완벽함을 추구하 지 않고 50퍼센트 정도씩 나눠 갖고 있는 것이 딱 좋다. 특히 남편은 아내에 대한 '요구 수준'을 너무 높이지 말고 50퍼센트 정도가 알맞 다고 생각하는 것이 '아내 대책'의 기본이다.

2

행운을
가져다주는
아내

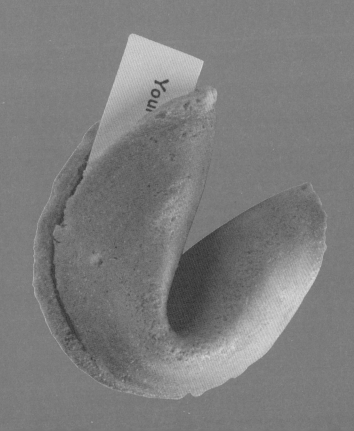

행운을 가져다주는 아내에게
해도 좋은 말과 나쁜 말

남자는 아내 하기 나름이라고 하면 자신의 아내가 자신에게 행운을 가져다주는 아내인지 어떤지 궁금하게 마련이다. 그렇다고 해도 남자가 팔짱을 끼고만 있어서는 안 된다. 아내에게 행운을 가져오게 하기 위해서도 그 나름의 '아내 대책'이 필요한 것이다.

그 대책에 따라서는 눈만 멀뚱멀뚱 뜨고 아내가 가져다준 행운을 손에 넣지 못하는 경우도 있다. 내가 본 바에 따르면 많은 남자들은 좋은 아내와 살면서도 그 아내가 가져다준 행운을 살리지 못하는 경우가 많은 것 같다.

1900년대 초중반에 주로 활동한 시인 하기와라 사쿠타로는《허망한 정의》라는 에세이집에서 부부애를 '사랑 – 너무나 공리적인!'이라는 제목으로 다음과 같이 말했다.

"남자와 여자가 서로를 빗자루로, 거름망으로, 유모차로, 저금통으로, 재봉틀로, 매일 쓰는 부엌세간으로 생각할 때 너무나 필요하기 때문에 헤어지기 어렵고, 부부의 진정한 애정이 싹트는 것이다. - 사랑! 너무나 공리적인 사랑!"

여기서 예로 든 생활용품은 다소 시대에 뒤떨어진 것도 있지만, 어쨌든 부부라는 것을 정확하게 묘사한 말로서 충분히 납득이 가는 것들이다.

냉정하게 말하면 한 걸음 물러나서 '이 사람이면 가정을 규모 있게 꾸릴 수 있을 거야.'라고 여겨지는 여성이 아내로서 적격인 사람이다. 그런 여성이라면 반드시 안정적이고 안심할 수 있는 가정을 이룰 것이다.

내가 평소 "연애하는 여자와 결혼하는 여자는 다르고, 결혼한 후에도 아내에게 요구하는 것은 연인과는 다르다."라고 말하는 이유도 여기에 있다.

단지 문제는 그런 말을 아내에게 직접 했다간 이야기가 달라진다는 것이다.

"당신은 연인으로는 아니지만 아내로서는 최고야."라는 말을 들은 여자가 좋아할 것이라고 생각했다면 크나큰 착각이다. 미묘한 여심을 모르고 하는 소리다. 요컨대 이 말은 여자에 따라서는 "여자로서의 매력이 떨어진다."고 들릴 수도 있다.

'조강지처'라는 말 또한 고리타분한 말이지만 결국 이런 타입이 행운을 가져다주는, 남자의 운을 높여주는 재수 좋은 아내인 것만은 틀림없다.

그러나 이것을 극단적으로 표현하면 "결혼이란 장기간의 입주 가정부를 고용하는 것과 같은 것인가?"라는 말이 되어버린다.

그런데 여성에게 설마 '재수 좋은 여자'라고는 말할 수 없을 테니 '아내로서 적격' 정도면 괜찮겠지 하고 생각하고 있어도 "날 섹스를 할 수 있는 영구 가정부쯤으로 생각하고 있는 거야?"라고 발끈하는 여성도 있다.

결혼 전의 남자에게는 '연인과 아내는 다르다'는 정도의 조언이면 될 것이다. 그러나 결혼하고 난 후에는 연인인지 아내인지 속으로는 구별하고 있어도 아내에게는 굳이 말할 필요가 없다.

남자에게 행운을 가져다주는 훌륭한 아내에게도 미묘한 여심이 있다. 칭찬할 생각으로 한 말 한마디에도 해서 좋은 말과 나쁜 말이 있다는 것을 명심해야 한다.

아내의 부모님은
아내의 분신

행운을 가져다주는 아내라는 것은 대개 아내 본인뿐만이 아니라 그 주변에, 부모형제나 친구를 포함하여, 행운을 가져다주는 요인이 있다.

지인 중에 필명으로 장인의 이름을 쓰는 사람이 있었다. 그 이름이 행운을 가져다주었는지, 그는 잡지사와 출판사로부터 점점 많은 일거리를 받게 되었다.

그런데 그 이름을 빌려준 장인은 글 쓰는 것을 좋아해서 생전에 대학 노트로 몇 권이나 되는 수필 같은 것을 써놓았던 모양이다. 그는 반관반민半官半民 회사의 임원까지 지낸 장인을 존경하였고, 수필도 대강 훑어보았다.

그리고 그 장인에 대해 이러쿵저러쿵 불평은 해도 평생 극진하게 모셨고, 또한 평생 남편을 섬긴 장모도 존경하고 있었다. 따라서 아내에게 화가 나거나 조금 마음에 들지 않는 일이 있을 때면 이 두 분을 생각하며 참는다는 것이었다.

반대로 자신이 조금 잘못을 저질러서 아내의 화를 샀을 때는 아내 몰래 처가댁을 찾아가거나 전화를 해서 장인이나 장모와 대화를 나눈다.

그리고 "역시 장인어른과 장모님은 대단하셔."라고 일부러 아내 앞에서 치켜세운다. 그러면 그것은 입에 발린 말이 아니라 진심이므로 어머니를 사랑하고, 아버지를 자랑스럽게 여기는 아내도 기분이 좋아지게 된다.

그건 부모님을 이용해 점수를 따는 것이라고 한다면 어쩔 수 없지만, 그 결정타는 장인이 정성을 다해 쓴 수필을 가능하면 책으로 정리하여 출판하고 싶다는 것이었다. 그러나 그것을 실행하기도 전에 장인은 돌아가시고 말았다.

그때를 전후하여 그는 본업인 한편 프리랜서 작가로서 잡지 기사나 단행본을 쓰기 시작했다. 그때 필명으로 장인의 이름을 그대로 써도 되겠냐고 장모에게 부탁했던 것이다.

생전에 자기 이름으로 책을 내는 것이 꿈이었던 장인은 그 꿈을 이루지 못하고 유명을 달리했다. 그러나 장모의 입장에서 보면 이렇게 사위의 필명이긴 해도 남편의 이름이 집필자의 이름으로 세상에 알려지는 것은 남편의 꿈이 이루어진 것 같아서 몹시 좋아한 모양이

다. 최초로 그 이름이 실린 잡지와 단행본은 처가의 장인을 모신 불
단에 바쳤다.

아내도 그것을 보고 부모님에게 생각지도 못한 효도를 할 수 있게
되었다며 좋아했다고 한다.

당시 그는 "이것으로 10년 정도는 편안하게 살겠어."라고 장난스
럽게 말하며 웃었지만, 그 후의 '아내 대책'도 전혀 없지는 않았던 것
같다.

결혼 전에 사귈 때는 종종 여자의 부모님을 보라고 한다. 여자의
부모님에게서 그녀의 장래 모습을 보는 것인데, 결혼한 후에도 때때
로 아내의 부모님을 떠올리는 것이 아내와 사이좋게 지낼 수 있는
힌트가 된다고 생각한다.

바꿔 말하면 예를 들어 부부싸움을 할 때 자기도 모르게 말이 튀어
나온다 해도 절대로 해서는 안 되는 말이 상대의 부모님에 대한 험
담이다. 학력이든 뭐든 상대의 부모님을 무시하는 듯한 말은 절대로
해서는 안 된다고 명심해야 한다. 부부는 원래 남이지만 부모와 자
식의 혈연은 그 무엇으로도 끊을 수 없는 것이기 때문이다.

행운을 가져다주는 '악처', 운을 잃게 하는 '양처'

전에 펴낸 책에서 '행운을 가져다주는 아내의 세 가지 요소'라는 것에 대해 썼다.

그것은 '정숙·견실·자립'이다. 이러한 것들을 갖춘 아내가 남편에게는 더할 나위 없이 고마운, 행운을 가져다주는 존재인 것은 더이상 설명할 필요도 없을 것이다.

'진화론'으로 유명한 다빈치의 아내는 전형적인 '정숙·견실·자립'을 갖춘 아내였다. 프로이트나 마르크스의 아내도 같은 의미에서 남편에게 행운을 가져다주는 아내였다고 한다.

그런데 부부관계란 것이 희한해서 이 성공법칙과 정반대인 '악처'라고밖에 생각할 수 없는 아내가 의외로 행운을 가져다준 예는 얼마든지 있다.

전형적인 예가 나폴레옹의 여섯 살 연상 아내인 조제핀이다. 그녀는 정조관념이 희박한 데다 낭비가 심해서 출세가도를 달리고 있던 남편의 골칫거리였다.

그리고 그녀에게 아이가 생기지 않았다는 것과 역시 내심으로는 가문 등의 권위를 중시한 나폴레옹은 결국 그녀와 이혼하고 스물세 살이나 어린 명문 합스부르크가의 황녀 마리 루이즈와 결혼한다.

그런데 이 두 아내는 나폴레옹의 운과 과연 어떤 상관관계가 있었을까?

조제핀 시절의 나폴레옹은 아내의 잦은 배신에도 불구하고 전쟁에서는 운이 따라주어서 프랑스의 황제 자리를 차지한다. 그러나 마리 루이즈 시절에는 황자도 낳고 권력도 안정되었지만, 이 명문가의 아내가 그에게는 스트레스가 되었다.

그 결과 나폴레옹은 헤어진 조제핀을 그리워하며 다시 찾아가게 되었는데, 그것이 아내의 분노를 사자 얼마 안 가 그만두지 않을 수 없게 된다. 결국 몸과 마음이 모두 피폐해진 상태에서 감행한 러시아 원정은 실패로 돌아가고 그것이 원인이 되어 나폴레옹은 실각의 길을 걷게 된다.

인간의 진실한 마음을 생각해보면 조제핀이 반드시 '악처'만은 아니었다. 명문가의 아내와 보내는 우울한 나날을 위로해주는 존재로 그가 의지했던 것은 그녀였다. 바람을 피우고 낭비가 심하다는 표면적인 평가만이 아니라 나폴레옹과의 궁합, 혹은 인연과 같은 끊으려야 끊을 수 없는 관계가 둘 사이에는 있었다.

　세상 사람들이 생각하는 일반적인 잣대로는 분명히 '악녀'인 여자가 있다. 그러나 악녀든 세상 풍파에 닳고 닳은 여자든 실의에 빠진 남자가 편안히 쉴 수 있는 여자도 있다. 그 여자가 갖고 있는 포용력을 '창부성娼婦性'이라고 하는지 '성모성聖母性'이라고 하는지는 모르지만 요컨대 남자에게 있어서 마음이 맞는 여자, 궁합이 맞는 여자는 있는 법이다.

　세상 사람들의 눈에는 '정숙·견실·자립'의 세 요소에 반하고 현모양처와는 동떨어져 있지만, 다른 누구도 아닌 자신에게 필요한 여자라면 당당한 마음으로 그 '악처'를 소중하게 생각하자.

　현모양처형 여자가 반드시 남자에게 행운을 가져다준다고는 할 수 없다.

결국 결혼은
'순간적인 판단'이다

어느 토목 관계 회사에 다니는 남성이 난생 처음 선을 보았다. 데이트 경험도 적은 그는 너무 긴장한 나머지 상대와 제대로 대화도 나눠보지 못한 채 헤어지고 말았다. 중매인은 당연히 이 혼담은 깨질 것이 틀림없다고 생각했다. 그러나 그는 "꼭 이 혼담을 성사시켜 달라."고 부탁하는 것이었다.

'허허, 제대로 이야기도 나눠보지 못한 건 혹시 첫눈에 반했기 때문이었나?'

중매인은 그렇게 생각하고 일사천리로 혼담을 진행했다. 다행히 상대도 그에게 호감을 갖고 있었는지 그 둘은 순조롭게 결혼에 골인했다.

그런데 나중에 그의 친구가 "선볼 때 벌써 첫눈에 반한 거냐?"라고 놀림조로 물어보자 의외의 대답이 돌아왔다.

"아니, 그게 아니야. 어쩔 줄을 모르겠더라고. 다른 사람한테는 절대로 말하지 마. 선이라는 게 그렇게 창피한 것인지 몰랐어. 그런 건 절대로 두 번 다시 하고 싶지 않아. 그래서 그때 한 번으로 그냥 결론을 내버린 거지."

친구는 벌린 입을 다물 수가 없었다. 그렇게 만나자마자 결혼을 결정할 수도 있구나, 하고 생각했을 것이다. 그런데 그로부터 벌써 30년 이상이나 지났지만 그 부부의 사이는 지극히 원만하다. 아이도 둘이나 낳았고, 각자 행복하게 결혼해서 잘살고 있다고 한다.

요즘 결혼상담소에서는 구체적인 데이터를 컴퓨터에 입력하고 기계로 판단을 내린다. 학력, 수입, 취미 등이 그것인데, 그 판단에는 좀 더 중요한 무언가가 빠져 있을 우려가 있다.

우선 데이터 주의가 문제다. 조건이란 것은 결혼한 후에 얼마든지 바뀔 가능성이 있다. 결혼을 결정한 좋은 조건이 그 후의 사정으로 일변하여 사라져버리는 경우도 있는 것이다. 그렇게 되었을 때 이 데이터 주의에 의한 결혼은 맥없이 무너진다.

내가 생각하는 것은 어떤 '순간'이라는 판단 방법에 의외로 합리성이 있지 않을까, 라는 것이다. 내친김에, 혹은 어느 날 갑자기 '그래 이 사람과 결혼하자.' '이 사람과 결혼이라도 해버릴까?'라고 생각한다. 딱히 결정적인 동기가 있었던 것도 아니다. 그런데 정신을 차리고 보니 결혼이란 걸 해버렸다. 우리 주위엔 그런 남자가 생각 외로 많은 것은 아닐까? 반대로 말하면 결혼이라는 것은 마지막엔 '순간 적인 판단'일지도 모른다.

한마디로 말하기 어려운 판단 재료가 축적되고, 뭐라고 설명할 수 없는 과정 속에서 그 정도면 됐다는 종합적인 판단이 이루어진 것이 지 싶다.

감각적이고 직감적으로 보이는 판단이 의외로 합리적인 것은 다 른 분야에서도 종종 있는 일이다. '암묵지暗黙知'라는 말도 있다. 눈에 보이지 않는 실이 연결되어 마치 물 흐르듯 자연스럽게 다다라야 할 곳에 다다른다.

"선이라니 그렇게 부끄러운 일은 두 번 다시 하고 싶지 않으니까." 라고 말하면서 너무나 직감적으로 상대에게 운명을 느꼈는지도 모 른다. 그렇게 생각하면 '순간적인 판단'이라고 생각하는 결혼이야말 로 정답일지도 모른다.

과거는 '두 눈'을 감고,
현재는 '한쪽 눈 반'으로 보라

부부 중에는 물론 결혼한 후에 자신이 판단 착오를 했다는 것을 깨닫는 경우도 있다.

결혼식 주례사 등에서 종종 인용되는 말 중에 "결혼 전에는 두 눈을 뜨고, 결혼한 후에는 한쪽 눈을 감고 상대를 보라."는 말이 있다.

이 말은 결혼 전에는 상대의 장점이나 단점을 속속들이 확인해야 하지만 일단 결혼하고 나면 사소한 것에는 눈을 감는 게 낫다는 교훈이다.

다만, 그렇다고 해서 결혼한 후의 아내를 잘 알려고 하지 않아도 된다는 말은 아니다.

결혼 전과 달리 일단 결혼하고 나면 쉽게 다른 여자로 바꿀 수 없기 때문에 오히려 하루하루 방심하지 말고 아내를 알아가야 할 필요가 있다.

굳이 눈을 뜨는 방법에 비유한다면 결혼 전처럼 두 눈을 부릅뜨고 있을 필요까지는 없지만, 한쪽 눈을 아예 감아버리는 것은 너무 많이 감는 것이다. 한쪽 눈과 다른 한쪽 눈은 반쯤은 뜨고 보라고 권하고 싶다.

결혼하고 나면 남편은 안심하고 아내에 대해 알려고 하지 않게 된다. 그녀가 매일 어떤 생각을 하고, 어떤 것에 관심을 갖고 있는지 알려고 하지 않는다. 그 결과 아내를 어떻게 대해야 되는지에 점점 소원해져서 어느 날 갑자기 이혼 이야기를 듣게 되곤 한다.

예를 들면 데일 카네기의 유명한 책 《인간관계론》의 마지막 장 '행복한 가정을 만드는 7가지 원칙'에 이런 말이 나온다.

"여성은 복장에 대해 놀라울 정도로 많은 관심을 갖고 있다. 이에 비해 남성은 너무 무관심하다. 예를 들면 한 쌍의 남녀가 길거리에서 다른 한 쌍의 남녀와 우연히 마주쳤다고 하자. 여성 쪽은 상대 남성을 전혀 보지 않는다. 상대 여성의 복장을 본다."

나에게도 이와 비슷한 경험이 있는데, 이럴 때 남자는 다른 커플의 여성 쪽을 흘끗 본다. 그리고 그 여자가 아름답기라도 하면 상대 남자에게 '이 자식, 좋겠네.' 따위로 적의를 품는다. 그러나 여자는 다른 커플의 남자를 보고 '멋진 남자야.'라고는 생각하지 않는다. 여자끼리 순간적으로 상대를 품평한다. 특히 상대 여성의 차림새에 대해 아무렇지 않은 듯 예리한 시선으로 체크한다.

이케나미 쇼타로는《오니헤이 한카초鬼平犯科帳》에 "남자라는 것은 아내가 바람난 것을 알면 상대 남자보다 아내를 더 증오한다."고 썼다. 이 말은 '여자는 남편이 바람난 것을 알면 남편보다 상대 여자를 더 증오한다.'는 것이기도 하고, 여자의 관심을 방향성으로 나타낸 말이다.

카네기는 이런 아내들이 지금 무엇에 흥미가 있는지 관심을 가져야 한다고 말하고 있다. 이 말에는 나도 동감인데, 여기서 주의해야 할 것은 남편이 관심을 가져야 하는 것은 어디까지나 아내의 '지금'의 관심사에 한정된다는 것이다.

남자들 중에는 결혼하고 나서도 뭣 때문인지 아내의 과거에 관심을 갖는 사람이 있다. 특히 과거의 남자관계를 알고 싶어 하는 남편이 있는데, 이것만큼 어리석은 짓은 없다. 그런 짓을 해봐야 아내는 남편의 그릇을 의심할 뿐이다.

만약 결혼한 후에 남편으로서 눈을 감는 방법을 묻는다면 아내의 과거에 대해서는 '한쪽 눈'뿐만 아니라 '두 눈'을 감아도 된다. 아내의 '지금'에는 '한쪽 눈과 반'을 뜨는 것이 좋지만 과거에 대해서는 완전히 무시하는 것이 남자의 그릇이라는 말이다. 아내의 과거를 이러쿵저러쿵 말하는 남자는 남자로서 상종 못할 인간이라는 것을 명심해야 한다.

'남은 남, 우리는 우리'를
소욕지족의 아내훈으로 삼는다

남자들이 머리가 아픈 원인은 여자들의 쓸데없는 경쟁심 때문일 것이다. 타인과 비교하며 뭐가 갖고 싶고, 어떻게 되고 싶다고 한다. 어쨌든 여자는 비교하고 싶어 한다.

어린 자식이 "다른 애들은 다 갖고 있으니까 나도 갖고 싶어."라고 떼를 쓰며 고가의 장난감 따위를 사달라고 조른다. 그것과 같다.

그럴 때 엄마는 "남은 남이고, 우린 우리야."라고 말하며 아이를 달랜다. 다른 집이 어떻든 우리 집에는 우리 집의 기준이 있고, 안 되는 것은 안 되는 것이다.

학교의 규율 같은 건 아니지만 '안 되는 건 안 된다'고 부모의 태도가 확고하면 아이도 투덜거리며 언제까지나 떼를 쓰지는 않는다.

이 '남은 남, 우리는 우리'는 아이를 대할 때뿐만이 아니라 아내 자신의 행동 기준이 되기도 한다. 아내에게는, 사소한 일은 이러쿵저러쿵 말하지 않아도 이 '남은 남, 우리는 우리'라는 원칙만은 '가훈'이라고 하기는 좀 거창하지만, 집안의 방침, '아내훈' 정도로 삼아서 확실하게 말해두는 것이 좋다.

이 원칙이 철저하게 지켜지면 아내는 아무리 벌이가 신통치 않은 남편이라도 남의 집을 부러워하거나, 남편을 원망하는 말 따위를 하지 않고 '우리는 우리'의 생활 태도를 보일 것이다.

한마디 더 하자면 이 '우리는 우리의 기준'을 만들고 선고하는 것은 물론 집안의 기둥인 남편이다. '가장'이라고 해서 한 집안을 지배한 옛날만큼의 권위는 없어졌어도 남편은 한 가정의 방침을 정하는 역할은 여전히 맡고 있다. 그 남편이 정한 방침을 지키고 운용하는 것이 아내다.

그럴싸하게 말했지만 훌륭한 아내는 남편이 이렇게 확실하게 정해주지 않아도 스스로 '우리는 우리'의 기준을 느낌으로 알고 분수를 지키며 산다.

이것이야말로 '소욕지족少欲知足'이자 '만족할 줄 아는' 아내이고, 예를 들어 그것이 가장 잘 나타나는 것이 이웃집과의 관계다.

매일 얼굴을 마주치는 이웃집들과의 관계는 자칫 잘못했다간 너무 깊이 관여하게 되고, 그렇다고 해서 너무 데면데면한 것도 이웃답지 않은 행동이다. 얼굴을 마주치면 상냥하게 인사하는 정도가 우선은 좋다.

그 적당한 정도를 넘어서 너무 밀착되어버리면 서로 부담을 느끼거나 쓸데없는 참견이나 간섭이 시작되고, 그로 인해 이사까지 가게 된 가족도 알고 있다.

왜 그런 지경까지 가버린 것인지, 집에 없는 남편은 모른다. 그러나 아내들은 매일 이웃에서 살며 좋을 때는 좋지만 서먹서먹해지면 말도 통하지 않게 되고, 서로 지붕을 맞대고 있으면서도 눈치를 보게 된다. 여성끼리는 그런 경우가 꽤 많은 모양이다. 그러므로 이웃집과의 관계는 적당하고 무덤덤한 것이 좋다.

히토쓰바시 대학의 동창회는 '여수회如水會'라 하여 일본 경제계의 아버지라고 할 수 있는 시부사와 에이이치가 중시한《예기禮記》의 말 "군자의 사귐은 물과 같다."에서 왔다고 한다. 여수회관도 이 말에서 유래된 것이다. 그러고 보니 2014년 NHK 대하드라마의 주인공, 구로다 간베에를 '여수'라고 불렀다. 이 말에도 모든 것은 물의 흐름과 같다는 의미가 들어 있다.

여하튼 주변이야 어떻든 '남은 남, 우리는 우리'라는 생각으로 다른 집과의 관계를 적당한 선에서 유지하도록 아내와는 의사를 통일해두자.

이 원칙이 확실한 이상 아내도 분수를 아는 관계를 맺을 수 있고, '물과 같이' 도를 넘지 않고 '소욕지족'으로 틀림없이 좋은 운을 가져다줄 것이다.

'몰상식한 아내'를 보여주면
'몰상식한 아내'가 되지 않는다

지금까지 줄곧 낯빛도 어둡고 하는 일마다 운이 따르지 않던 남자가 어느 날부터 갑자기 생기를 띠며 행복해하면서 일에서도 성과를 올리기 시작했다.

어떻게 된 일인가 싶어 수소문해보니 최근에 이혼하고 다른 여자와 재혼했다고 한다.

그 순간적인 변화는 누가 봐도 새로 결혼한 아내 때문이었다. 어떤 아내인지 만나보고 싶었지만 만나지 않아도 대충 상상이 간다. 남자의 인생에 행운을 가져다주는 타입의 아내와 그 반대 타입이 있기 때문이다.

예를 들면 그 차이가 잘 나타나는 것이 밖에서 식사를 했을 때다.

전날에도 어느 레스토랑으로 점심식사를 하러 갔는데 손님들로

북적였다. 그런데 식사를 마친 몇 명의 아주머니들이 일어날 기미를 전혀 보이지 않고 이야기꽃을 피우고 있었다.

그중 두 명이 눈짓을 하며 '이만 나가자.'라는 기색을 보였다. 그러나 다른 아주머니들은 "무슨 소리니? 아직 괜찮아."라고 말하며 새로운 화제로 들어가 다시 수다를 떨기 시작했다.

이런 상황에서도 행운을 가져다주는 타입과 그렇지 않은 타입이 나뉜다. 주변 상황에 주의를 기울이며 자신의 행동이 폐가 되지 않는지 항상 조심할 수 있는 타입은 남편의 인생에도 아주 긍정적인 영향을 준다.

그리고 주변이야 어떻든 수다 떨기에 바쁜 아내들에 한해서 친구끼리의 계산을 한 사람 한 사람이 전부 따로따로 하려고 한다. 심지어 1엔짜리 동전까지 나온다. 당연히 그 뒤로 다른 손님이 기다리는 줄이 생긴다.

눈치 빠른 아주머니라면 "우선 내가 낼 테니까 우리는 나중에 따로 정산하자."라며 재빨리 계산서를 가지고 일어설 것이다. 이런 아내라면 가정에서도, 남편의 업무상 인간관계에서도, 주위 사람들에게 호감을 줄 수 있다. 이렇게 남들에게 호감을 주는 아내는 남편의 가치를 높여주어 남편의 일이나 인생에 얼마나 많은 기여를 하는지 모른다.

그런 아내는 이제부터 설명하는 '아내 대책'으로도 얼마든지 만들 수 있다. 즉, 무신경하거나 건방진 것은 성격이나 인격이라기보다 단순히 세상 물정을 모르기 때문인 경우도 많다.

그러므로 아내를 가급적 밖에 데리고 나가서 '몰상식한 아내'들의 현장, 문제가 되는 장면을 함께 체험하면 좋다. 예를 들면 레스토랑에서 식사를 하며 앞에서 예로 든 장면을 직접 보고 들으면 당연히 아내는 "너무들 하네. 난 저렇게는 되고 싶지 않아."라고 말하게 될 것이다.

평소에는 막연히 잘못된 행동이라고만 생각하던 것도 밖에서 객관적으로 보고 나면 '이상하다, 우습다, 못났다.'고 느끼기 쉽다. 그러면 남편의 가치관을 강요하지 않아도 스스로 깨닫게 되므로 그 후의 아내의 행동에도 자연스럽게 반영될 것이다.

이런 것도 '아내 대책'의 기본 중 하나다.

성에 차지 않아도
아내의 부지런함을 인정한다

여전히 인기가 식을 줄 모르는 여배우 마릴린 먼로는 열여섯 살 때 결혼한 남편을 위해 매일 도시락을 쌌다고 한다. 남편은 스물한 살의 공장에서 일하는 청년이었다.

우리에겐 화려한 할리우드 여배우라는 인상밖에 없는 마릴린 먼로가 오로지 남편을 위해 부엌에 서서 바지런히 도시락을 싸고 있는 모습은 좀처럼 상상이 가지 않는다. 그러나 그녀에게도 그런 일면이 있었다는 것이다.

또 그녀는 훗날 극작가 아서 밀러와 결혼했다. 그때 자신에게 너무나도 교양이 없다는 것을 깨닫고 매일 많은 책을 읽었다고 한다. 이 또한 꽤나 부지런한 모습이다.

아내라는 여자는 남편을 위해, 혹은 가족을 위해 종종 부지런을 떤다. 컨디션이 조금 좋지 않아도, 조금 귀찮아도, 자신의 능력으로는 조금 벅찬 일이라도 부지런을 떨어야 하는 상황이 되면 기꺼이 부지런을 떤다.

부지런한 아내는 자신이 약하다는 이유로 남편이나 가족에게 응석을 부리지 않는다. 그런 약한 모습이 전면에 드러나지 않는 만큼, 그것을 보려고 하는 현명한 남편이 아니면 도저히 깨닫지 못한다.

때로는 아내의 부지런함에 시선을 돌릴 필요가 있다. 보려고 하지 않으면 발견할 수 없기 때문이다. 그리고 혹여 아내의 부지런함이 성에 차지 않아도 인정해줘야 한다. 아내도 나름대로는 최선을 다하고 있을 것이기 때문이다.

아내의 부지런함을 보려고 하지 않고, 인정하지 않는 남편은 남편으로서 실격이다.

평범한 생활을 좋아하는 아내는
행운을 가져다준다

사소한 행복을 바라는 아내일수록 남편에게는 최종적으로 행운을 가져다주는 존재다. 그것은 남편이 갖고 있는 일상에 대한 생각이 반영되어 있다.

1994년 클린턴 전 미국 대통령이 백악관에서 연 일본 천황 내외의 환영식 자리에서 다음의 시 한 수를 인용한 것을 아직도 기억하고 있다.

"인생의 낙은 아침에 일어나 어제까지는 볼 수 없었던 꽃이 피는 것을 볼 때."

이것은 막부 말기의 시인 다치바나노 아케미의 《도쿠라쿠긴獨樂吟》이라는 시집의 한 수다. 이 시집에는 '인생의 낙은……'이라는 서두로 일상생활의 사소한 장면에서 행복을 느끼는 것을 노래한 52수의

연작 단가가 실려 있다. 예를 들면,

인생의 낙은 가족이 한자리에 모여 화목하게 머리를 맞대고 음식을 먹을 때

인생의 낙은 격의 없는 친구와 우스갯소리로 배를 잡고 웃을 때

인생의 낙은 무심히 읽고 있는 책에서 나와 같은 사람을 만났을 때

인생의 낙은 봄과 가을의 화창하고 따뜻한 날에 밖에 나가 걸을 때

인생의 낙은 마음에 드는 산수山水를 조용히 즐기며 걸을 때

인생의 낙은 낮잠 자는 사이에 마당을 적시며 내리기 시작한 비를 바라보고 있을 때

인생의 낙은 부족한 대로 모두가 모여 술을 마시고 음식을 먹을 때

인생의 낙은 세 아이가 무럭무럭 자라 어른이 되어가는 모습을 볼 때

인생의 낙은 신의 나라의 백성으로서 신의 가르침을 가슴 깊이 새길 때

어느 것이나 사소하기 그지없는 행복이지만 진정한 행복을 느낄 수 있는 순간이다. 이런 일상 속에 진정한 행복이 있는 것은 아닐까 하고 새삼 생각하게 된다.

그러나 행복의 와중에 있으면 행복이 무엇인지조차 모르게 되는 경우가 있다.

나는 자신이 불행하다고 생각하는 사람들에게 종종 상담 의뢰를 받는다. 그때마다 항상 해보는 것이 있다. 교토 대학 마음 미래 연구센터가 만든 '일상의 협조적 행복'이라는 지표다. 자신을 불행하다고

생각하는 사람의 일상을 이 지표에 비춰보는 것이다.

① 자기뿐만이 아니라 주변의 가까운 사람들도 즐거운 기분이라
고 생각한다.

② 주위 사람들에게 인정받고 있다고 느낀다.

③ 소중한 사람을 행복하게 해주고 있다고 생각한다.

④ 평범하지만 안정적인 하루하루를 보내고 있다.

⑤ 큰 고민거리는 없다.

⑥ 남에게 폐를 끼치지 않고 자신이 하고 싶은 일을 하고 있다.

⑦ 주위 사람들과 비슷하게 행복하다고 생각한다.

⑧ 주위 사람들과 비슷한 수준으로 살고 있다는 자신이 있다.

⑨ 주위 사람들과 비슷하게 나름대로 잘하고 있다.

수수하고 평범한 생활이 불행하다고 생각하는 것은 잘못된 생각
이다. 실은 평범한 생활이야말로 그림으로 그린 듯한 행복한 시간의
와중에 있다는 것을 모르는 사람이 의외로 많다.

이런 평범한 행복을 기뻐할 줄 아는 아내야말로 가정에 밝은 기
운을 가지고 오고 남편에게 행운을 가져다준다. 다치바나노 아케
미의 《도쿠라쿠긴》에 맞추어서 아내와 함께 다시 한 번 생각해보길
바란다.

아내의 말에
귀를 기울인다

전에 살던 집 근처에 세탁소가 있었다. 그 세탁소는 사장과 아내 둘이서 운영하던 곳이라 두 사람은 거의 하루 종일 함께 시간을 보냈다.

그 아주머니가 어느 날 남편의 얼굴을 보며 "당신 볼에 난 뾰루지가 다른 때랑은 좀 다른 것 같은데 이상하지 않아요? 병원에 가보는 게 어때요?"라고 말했다.

남편은 거울을 보며 대수롭지 않은 걸로 병원에 가는 것이 번거롭다고 생각했다. 그러나 평소 위가 좋지 않았던 터라 근처의 마을 의원에 가보기로 했다.

그런데 뾰루지를 본 의사가 "이 뾰루지는 큰 병원에 가서 진찰을 받아보시는 게 좋을 것 같습니다."라며 소개장을 써주었다. 그래서 대학병원에 가서 검사를 받았더니 피부암이라는 결과가 나왔다. 그는 그 즉시 수술을 받고 깨끗이 나을 수 있었다.

늘 얼굴을 마주하고 있는 아내이기에 남편의 이상을 바로 알아챌 수 있었던 것이다. 평소와 조금 다르다는 것은 아내가 아니면 모르는 경우도 많다. 아내는 당신의 주치의가 되기도 한다.

"당신, 평소에는 늘 체온이 낮은데 오늘은 좀 열이 있는 것 같아. 감기일지도 몰라요."

이런 어드바이스를 해주는 것도 평소의 체온을 알고 있는 아내만이 가능한 일이다. 평소의 모습과 다른 데가 있다는 것은 의사도 모르는 경우가 있다. "여보, 평소와 달리 안색이 좋지 않아요."라고 말해주는 아내의 말을 "시끄러워." "성가시게 무슨 소리야?" 따위로 대꾸하지 말고, 귀 기울여 듣고 의사를 찾아가보는 것도 중요하다.

아내도 만약 남편이 빨리 죽는 게 낫다고 생각하고 있다면 그런 말은 하지 않을 것이다. 걱정이 되니까 그렇게 애정 어린 말도 하는 것이다. 그런 말에 순순히 따라주면 아내는 한층 더 남편을 소중하게 생각해줄 것이다.

3

나이를 아무리 먹어도 남자와 여자라는 것을 잊어서는 안 된다

나이를 아무리 먹어도 남자와 여자라는 의식을 갖는다

부부란 원래 남녀의 성을 기본으로 하여 맺어진 두 사람인데, 성애로 맺어지는 것은 고작 20대나 신혼 때뿐이고, 그 후에는 노력이나 인내, 포기가 부부를 지배한다.

그러나 50~60대라 해도 실은 서로를 남자로서, 여자로서 의식하는 것이 부부가 원만하게 지내는 중요한 조건이다.

"레스토랑에서 함께 식사를 하고 있는 부부의 모습을 보라. 그들이 침묵을 지키고 있는 시간의 길이가 부부 생활의 길이와 비례하는 경향이 있다."

이 말은 프랑스의 문예평론가이자 전기 작가인 앙드레 모루아가 《나의 생활기술》에서 한 말이다. 이런 부부에게야말로 진심으로 "남자와 여자의 의식을 잊지 말라."고 말하고 싶다. 침묵을 지키며 식사를 하고 있는 부부에겐 필시 그런 의식 따위는 전혀 없을 것이라고 생각하기 때문이다. 그것이 실은 부부의 위기를 초래하는 가장 큰 원인이기도 하다.

정년을 얼마 안 남기고 아내에게 이혼하자는 말을 들은 남편이 있다. 남편은 아닌 밤중에 홍두깨라고 뭣 때문에 그러는지 도통 이유를 모른다.

"여태까지 바람도 피우지 않았고, 가족을 위해 열심히 일했어. 그런데 헤어지자니 내가 뭘 잘못했어?"

그러나 아내에게 중요한 것은 그것뿐만이 아니다. 역시 남편에게서 '남자'를 느끼고 싶었고, 자신을 '여자'로 봐주길 바랐던 것이다. 남편이 아내 앞에서 '남자'라는 것을 잊고, 아내를 '여자'로 취급하지 않게 되면 아내는 '여자'라는 의욕을 잃고 될 대로 되라는 식이 된다.

이런 지경이 되지 않기 위해, 예를 들면 작가인 미타 마사히로는 《부부의 법도》라는 책에서 부부는 가끔 "새로 선을 보라."고 제안하고 있다. 선을 볼 때면 첫 만남이라는 긴장감 속에서 최선을 다해 상대방에게 좋은 인상을 주려고 노력한다. 그때의 그 마음을 조금이라도 떠올려보는 건 어떻겠느냐는 의미일 것이다.

그리고 일상생활 속에서 남편이 할 수 있는 것을 몇 가지 뽑아놓았다. 예를 들면 겉모습이 중요하다고 한다. 이제 와서 겉모습이 바뀔 리가 없다고 생각할지도 모르지만 의외로 그렇지도 않다. 주말에도 면도를 하고, 집 안에서도 조금은 멋을 부리겠다고 마음먹는다.

그리고 압권은 화장실 습관이다. 남자가 소변을 보고 나서 변좌를 내린다든가, 큰일을 보고 난 직후에는 아내가 화장실에 들어가지 않게 타이밍을 조절해주는 등의 아내를 위한 배려다. 설사를 했을 때는 변좌의 안쪽까지 깨끗이 닦으라고까지 한다.

이 책을 읽고 떠오른 것은 서양 사람들의 집 안에서의 습관이다. 예를 들면 미국에서는 집 안에서도 저녁식사를 할 때는 단정한 차림으로 자리에 앉는다. "친한 사이에도 예의가 있다."는 말은 서로에 대한 요구가 원점일 것이다. 그것이 서로를 '멋진 남자, 아름다운 여자'라고 의식하는 중요한 포인트가 되기도 한다.

신문에서 아무리 나이를 먹어도 남자와 여자라는 의식을 잊지 않고 있는 멋진 예를 종종 보았다.

미수米壽(88세)가 되어도 아직 '남자'라는 다음 노래의 경지다.

"미수라면 더욱 젊은 마음을 유지해야 한다는 소몬相聞(만요슈萬葉集의 부部 가름의 하나 - 옮긴이)의 노래 때때로 읊노라."(〈요미우리 가단読売歌壇〉 2013년 10월 14일, 지치부 시 우치다 사다오)

'맛'을 칭찬하면 아내의 '여자'가 깨어난다

부부가 서로 남자와 여자를 의식할 수 있는 기회는 의외의 장면에도 있다.

"부부는 매일 먹는 음식의 취향이 맞는 것이 중요하다."는 말을 종종 듣는다. 그리고 실제로 이것은 맛이나 냄새라는 오감과 관계가 있는 동물로서의 관능, 즉 성과 깊은 관련이 있다.

극단적으로 말하면 '음식의 향연'은 '성의 향연'으로 통하고, "함께 식사를 하는 것 자체가 본래는 지극히 성적인 의미를 갖는다."고 말하는 사람조차 있다. 그중에서 음식 취향이 맞는다는 것은 성적인 궁합이 좋다는 것으로 연결되고, 그 취향을 알고 음식을 만들어서 제공하는 아내는 성적인 면에서도 훌륭한 파트너라는 말이 된다.

음식의 취향이라고는 해도 좋고 싫은 것이 일치한다는 말은 아니다. 미각 센스를, 서로를 좀 더 의식하고, 서로 평가하는 것이 남자와 여자의 의식으로 통하는 것이다.

예를 들면 레스토랑에서 식사를 했을 때 "이건 유자 맛이 좀 나는데?" "이 상큼한 느낌은 와인 비네거 같아요."라는 식으로 서로 맛의 뉘앙스를 알고, 그 맛을 공유할 수 있는 것이다.

사이가 좋은 부부는 이렇게 미각 센스를 공감할 수 있다. 그러므로 평소에도 먹는 것에 열의를 보이고, 미각을 화제로 삼고, 아내의 요리에 관심을 가져야 한다.

그리고 아내가 만드는 요리야말로 부부가 공감할 수 있는 '맛'이 있을 것이다. 따라서 공감할 수 있는 그 '맛'을 그때그때 칭찬해주어야 한다. 그것은 넌지시 아내의 '여자'를 칭찬하는 말이 되어서 아내의 '여자'를 깨워주게 된다.

그것이 또다시 몸속 깊은 곳, 감각의 기틀이 자리 잡고 있는 곳에서 서로의 성을 느끼는 것으로 이어질 것이다.

흔히 요리를 잘하는 사람이 머리가 좋다고 하는데, 그 이상으로 요리를 잘하는 사람은 잠자리에서도 잘할 것이다.

가정요리는 질리지 않지만 편의점 도시락은 사흘만 먹어도 질려버린다. 가정요리는 실로 부부의 '맛의 공감'의 장이고, 그것은 넓은 의미에서의 '성의 공감'으로 통한다.

아내의 전 남자를 신경 쓰는 남자는 경멸당한다

구세대의 여성과는 달리 요즘의 젊은 여성은 '남성과의 교제'에 반드시 섹스가 동반된다. 따라서 구세대 여성과 서른 살 전후나 마흔 살 전후의 여성은 대화가 통하지 않는 경우도 있다.

예를 들면 60대의 어머니와 30대, 40대의 딸의 대화는 이런 식이 된다.

딸 "저 두 사람은 이제야 겨우 사귀게 되었대."
어머니 "뭐? 처음 만난 게 반년 전 아니니? 그때부터 사귀고 있었던 게 아니었어?"

여기서 두 사람 모두 의아한 표정으로 상대의 얼굴을 보게 된다.

다시 말해서 어머니의 구식 감각으로는 차를 마시거나 영화를 보러 가는 것도 '사귀는 것'이지만, 딸의 신식 감각으로는 육체관계를 갖는 것이 '사귀는 것'이다.

더구나 지금은 결혼 연령이 높아졌다. 따라서 결혼할 때 상대가 처녀인 경우는 거의 없다. '남자는 자신이 첫 남자이길 바라고, 여자는 자신이 마지막 여자이길 바란다.'는 정설이 뒤집힌 것이다.

그러나 남편이 아내의 '전 남자'를 태연하게 말할 수 있느냐는 것은 다른 문제다. 남편이 아무리 성인군자라 할지라도 그런 경지에까지 이르기는 어려울 것이다. 역시 신경 쓰이는 것이 당연하다고 생각한다. 어떤 놈인지 알고 싶은 마음과 알고 싶지 않은 마음이 교차하게 된다. 지금도 연락하고 있는지도 궁금하다.

그러나 나는 굳이 남편으로서는 "전에 사귀던 남자 얘기는 묻지 않을게. 걱정하지 마."라고 말할 것을 권한다. 아내의 과거의 남자관계를 집요하게 알고 싶어 하는 것만큼 어리석은 일도 없고, 그러한 행동은 아내로부터 경멸당할 뿐이다.

여기서 잠깐 남자들의 동경의 대상이면서 결혼해서 해를 거듭할수록 인생의 달인이 되어가기도 하는 여배우 구로키 히토미의 이야기를 소개해보겠다.

구로키 부부가 거실에서 편하게 쉬고 있을 때 전화벨이 울렸다. 그녀가 전화를 받자 여자 목소리가 "남편분 계십니까?"라고 말한다. 남편에게 수화기를 건네자 "누군지 모르겠는데, 끊어졌어."라고 말한다.

　잠시 후 다시 같은 여자에게서 전화가 왔고, 느닷없이 남편과 사귀고 있다고 말한다. 남편에게 물어보니 태연하게 "장난 전화가 분명해."라고 말한다. 더 이상의 진상은 모른다. 그녀가 시원하게 "그래요."라고 말하고 이 이야기를 중단했기 때문이다.

　나도 그 정도면 됐다고 생각한다. 이것은 여성을 예로 든 것이지만, 남편과 아내를 바꿔놓고 자신에게 적용시키면 된다. 스가와라 요이치의 노래처럼 상대의 과거 따위는 알고 싶지 않고, 알아도 말하고 싶지 않다.

　만약 어떤 상황에서 아내의 전 남자에 대한 이야기가 나오더라도 구로키 히토미처럼 시원하게 흘려들으면 된다.

바람을 피워도 반드시
그날 안에 집에 돌아간다

일본의 성립 과정을 기록한《고지키古事記》에서는 일본이라는 국가는 남녀 두 신이 관계를 맺은 결과 탄생했다.

한편《구약성서》에서는 아담과 이브가 금단의 열매를 먹고 서로의 모습을 부끄러워하며 나뭇잎으로 몸의 주요 부위를 가렸다.

섹스를 국가 탄생의 이야기로 삼은 일본과 그것을 원죄이자 무거운 죄로 받아들인 서양의 문화적 차이는 있지만, 어느 쪽이든 성욕이라는 것이 인간을 영위하는 데 있어서 중요한 부분이라는 것을 이야기하고 있다.

따라서 바람을 피우는 것은 인간의 업과 같은 것이라고 아내에게 대담하게 말할 용기까지는 없지만, 실제로 남자의 바람에 대한 인식은 시대에 따라 상당히 바뀌고 있다.

그렇다고는 해도 남자가 다른 여성을 마음에 두거나 다른 여자에게 구애하는 것을 알고 여자들이 질투의 불꽃을 태우지 않은 것은 아니다. 《가게로 일기蜻蛉日記》(일본 최초의 여성 산문 문학 작품 - 옮긴이) 등을 보면 작자의 남편이 다른 여성을 만나고 다니는 것을 알고 초조해하는 모습이 잘 묘사되어 있다.

따라서 남자의 바람에는 그 나름의 룰이 필요하다. 그중에서도 특히 내가 주의하고 있는 것은 '바람을 피워도 그날 안에 집에 돌아간다'는 것이다.

이것을 제대로 분간해서 지키지 않으면 어쨌든 옛날부터 내려온 인간의 업이므로 끝없이 빠져들 위험성을 내포하고 있다. 그렇기 때문에 가드랄까, 어딘가에서는 확실하게 선을 긋고 이것만은 하지 말자는 제어 장치가 필요한 것이다.

남자는 멍청해서 아내 외의 여자의 환심을 사기 위해 지키지도 못할 약속을 해버리는 경우가 있다. 그러면 상대의 페이스에 말려들어서 아내에게 돌아가지도 못하고 그냥 그 상태로 질질 끌려다니게 된다.

그 결과 아내와 헤어질 처지에 놓이게 되는 경우도 있으므로 처음의 분간이 중요하다. 만약 사귄다고 해서 남자가 집에 돌아가는 것에 불만을 말하는 여자라면 그때부터 사귀지 않는 것이 좋다.

또 남자들은 눈물겨운 노력으로 아내에게 바람을 피우고 있는 것을 들키지 않으려고 대책을 강구하고 있겠지만, 유감스럽게도 대개는 아내에게 간파당하고 있는 경우가 많다.

예를 들면 여자의 냄새를 지우기 위해 집에 돌아오면 먼저 샤워부터 한다는 남자가 있다. 그때만 그렇게 하면 들킬 우려가 있으므로 집에 돌아오면 욕실로 직행하는 것을 습관화하고 있다고 한다. 또 호텔 비누는 집과는 다른 냄새가 몸에 남기 때문에 절대로 쓰지 않는다는 남자도 있다.

그러나 세상의 아내 족이 갖고 있는 이른바 '촉'의 예리함을 무시해서는 안 된다. 필시 그런 남편의 행동을 '바보 같다'고 생각하면서 귀엽다고 느끼고 있을지도 모른다.

남자가 바람을 피우는 것을 들키지 않으려고, 혹은 최소한 이것만은 지키려고 열심히 머리를 짜내고 있는 모습이 여자에겐 우스꽝스러울지도 모른다. 아내의 눈치를 살피는 남편의 행동을 보면서 아내로서의 우월감에 젖어 있을지도 모른다. 만약 그렇다면 그것도 그것대로 좋다고 생각한다.

평범한 선물도
효과가 있다

연애할 때와 같을 수는 없겠지만 아내를 '여자'로 인정하고 조금은 기쁘게 해주고 싶다. 그렇다고 해서 선물 같은 건 너무 평범할 것 같다고 주저하는 남자가 있는데, 결코 그렇지가 않다. 그 평범한 것에 여자는 기뻐한다.

이런 이야기를 들었다.

거품경제 시절, 거품에 빠져 보석을 사 모은 한 여성이 당시의 방탕한 자신을 잊고 싶어서 보석들을 팔아치웠다.

그러나 그녀가 도저히 팔아버릴 수 없는 것이 딱 하나 있었다. 그것은 남편이 여태까지 그녀에게 유일하게 사준 금목걸이였다. 그녀는 그 목걸이가 없어지면 남편과의 추억도 사라져버릴 것 같은 기분이 들었다고 한다.

또 어떤 아내는 40년도 더 지난 신혼시절을 찢어지게 가난하게 보냈다. 월급날이 25일인데 18일쯤 되면 돈이 다 떨어져서 집 안을 샅샅이 뒤지며 돈을 찾곤 했다.

당연히 그녀는 자신의 생일조차 잊고 지냈다. 그런데 어느 날 귀가한 남편이 "생일 축하해."라는 말과 함께 꾸러미를 하나 내밀었다. 뜯어서 보니 안에는 조금 비싸 보이는 스웨터가 들어 있었다. 그녀는 말한다.

"처음엔 좀 당황했어요. 우리한테 이런 스웨터를 살 여유가 어디 있냐고 말하고 싶었죠. 하지만 남편의 마음을 생각하니 말할 수 없었습니다. 조만간 좋은 일이 생겨서 돈이야 어떻게 되겠지 하는 마음을 먹고……."

==여자에게 선물이 갖는 의미는 크다. 따라서 시의적절한 선물은 중요한 '아내 대책'이 된다.==

선물을 한다는 것도 습관이 되지 않으면 참 하기 어렵다. 선물을 해주고도 오히려 "뭐 잘못한 거 있죠?" 따위로 괜한 의심을 살 수도 있다. 모아서 크게 해주는 게 좋은지, 조금씩 자주 해주는 게 좋은지도 고민된다.

그래서 물건뿐만이 아니라 다양한 형태로 조금씩 자주 선물을 해주면서 선물이라는 것에 습관을 들이는 건 어떨까 싶다.

간단한 외식이나 근교로 여행을 가는 것도 중장년층 부부라면 "과분하다."고 입버릇처럼 말하는 아내도 많다. 그러나 거기서 "그럼, 그만두지 뭐."라고 말해서는 안 된다. "자주 있는 일도 아닌데 뭐 어때? 괜찮으니까 따라와요."라고 말하면 아내의 얼굴에는 십중팔구 희색이 돌 것이다. 선물을 좋아하지 않는 여자는 없다.

그 외에도 조금씩 자주 선물을 줄 수 있는 방법은 여러 가지가 있다. 예를 들면 어떤 남편은 지방으로 출장을 가면 꼭 그 지역의 기차역에서 파는 특산품 도시락을 사 가지고 돌아온다. 또 귀가가 늦어지면 기본 초밥 도시락을 습관적으로 사오는 남편도 있다.

아내가 냉장고에 붙이는 자석을 모으고 있는 것을 아는 남편은 출장을 가면 늘 빼놓지 않고 자석을 사오곤 한다. 아내는 자신의 취미를 알아주는 것에 만족감을 느낀다.

이처럼 서로가 선물에 습관을 들인 상태에서 한 번에 큰 선물을 해주면 효과적이다. 결혼기념일이라든가 생일이 그 기회가 된다.

그때 아내는 "뭐 잘못한 거 있죠?" 따위로 말하면서도 기꺼이 받아줄 것이 틀림없다.

"어이."라고 부르면
아내는 오지 않고 누가 오지?

부부 사이에 주고받는 것 중에서 선물처럼 특별한 것이 아니라 가장 일상적으로 빈번하게 주고받는 것이 서로를 부르는 '호칭'이다.

한 조사에 따르면 남편이 아내를 부르는 방법으로 가장 많은 것이 '이름'과 '별명'이라고 한다.

그러나 대부분의 경우 이렇게 부르는 방법은 신혼시절에 한정된다. 이윽고 자식이 생기면 "○○ 엄마."로 부르게 된다.

시간이 좀 더 흘러서 자식이 부모의 보호에서 벗어나 분가하거나 독립할 때쯤 되면 많은 남편들은 아내를 "어이." "이봐." 따위로 부르게 된다.

친척들이 모인 자리에서 누군가가 "어이!"라고 불렀더니 아내들이 일제히 돌아보았다는 우스갯소리도 있다. 이 이야기에서도 알 수 있듯이 '어이'는 상당히 만연해 있는 것 같다.

그런데 심리학자이면서 《두뇌 체조》라는 책과 함께 게임 소프트웨어 〈레이튼 교수 시리즈〉 등의 밀리언셀러를 만들어낸 다고 아키라는 아내를 '어이'라고 부르면 아내가 아니라 '늙음'(일본어의 늙음을 뜻하는 오이老い의 발음이 '어이, 이봐'를 뜻하는 오이おい와 같은 데서 온 말-옮긴이)이 온다고 경종을 울린다.

예를 들면 아내를 이름으로 부르지 않고 "어이!" 따위로 부르는 남편은 평소의 대화에서도 "저건 어때?" "이것 좀 가져다 줘." "뭐가 필요해?" 식으로 이것, 저것, 그것, 무엇, 저기와 같이 지시대명사를 사용하는 경우가 많다.

즉, 구체적인 물건의 이름이나 장소를 떠올리지 못해서 이런 일이 생기는 것인데, 이런 남편에 대해 아내가 또 이심전심으로 그 말을 알아듣기 때문에 남편은 더더욱 구체적인 이름을 떠올리려는 노력을 하지 않게 되어 두뇌가 조금씩 노화된다.

그야말로 '어이'가 아내가 아니라 '늙음'을 불러온 셈이다.

앞으로는 모쪼록 쑥스러워하지 말고 아내를 이름으로 불러보면 어떨까? 그럼으로써 과거 젊은 시절의 기분이 되살아나서 아내를 다시 보는 계기가 될 것이고, 아내도 자신이 한 사람의 여성으로 대우받는다고 느낄 것이다.

다고 아키라도 40대 중반에 미국에서 살았을 때 아내를 이름 외에 "허니."라는 애칭으로 불렀다고 한다. 당시 미국에서 그를 만났던 사람의 말에 따르면 일본에 있을 때보다 훨씬 젊어 보이고 아내와의 사이도 좋아 보였다고 한다.

그 무렵의 체험이 그들에게는 지금도 좋은 부부관계의 양분이 된 모양이다. 물론 지금도 그는 아내를 '어이' 따위로 부르지 않고 이름으로 부르며 아내의 취미인 훌라 댄스의 후원회장까지 맡고 있다. 부부가 모두 이미 80대이지만, 건강하고 사이좋게 지내는 그들의 모습은 주위 사람들의 모범이 되고 있다고 한다.

세상에 태어난 이후 오늘날까지 쭉 불려온 이름의 의미는 그 정도로 큰 것이다.

아내가 다른 세계를 가지면
남편에게도 좋다

앞 페이지에서도 말했듯이 다고 아키라는 아내가 취미로 훌라 댄스를 하고 있는 것을 응원하고 있다. 이처럼 아내가 밖에 나가서 무언가 새로운 일을 하고 싶다고 말했다면 적극적으로 응원해주는 것이 좋다. 설령 잘못돼도 "그딴 건 그만둬."라든가 "쓸데없는 짓 좀 하지 마." 따위로 말해서는 안 된다. 그것은 아내가 기대에 차서 즐거워질 수 있는 절호의 찬스를 빤히 알고 있으면서 뭉개버리는 꼴이다.

예를 들면 아내가 결혼 전부터 그림에 취미를 갖고 있었다는 지인은 아내가 그 취미를 계속 갖고 갈 수 있도록 끊임없이 응원해주었다. 아이가 태어난 이후에는 아내가 그림 교실에 갈 때면 자청해서 아이를 돌봐주었다고 한다.

그가 대단한 것은 싫은데 울며 겨자 먹기로 아이를 돌봐준 것이 아니라 그것이 지극히 당연한 일이라고 생각했다는 점일 것이다. 그 덕분에 아내도 마음 편히 외출할 수 있었던 것은 아닐까?

실은 이처럼 아내가 다른 세계를 가지면 많은 부분에서 그 효용이 나타난다. 다시 말해서 결과적으로 남편에게도 좋다는 것이다. 그것은 다음과 같다.

① 아내의 기분을 풀 수 있는 대상이 생겨서 남편에 대한 공격이 약해진다.
② 취미를 통해 새로운 친구가 생겨서 남편의 친구 관계에 너그러워진다.
③ 아내가 다정해진다.
④ 서로 자기만의 시간을 가질 수 있다.
⑤ 아내가 다른 분위기를 가져다주기 때문에 남편의 세계도 넓어진다.

②에 대해 말하면 친구는 딱히 많을 필요가 없다. "1학년이 되었더니 친구가 100명이 생기더라."와 같은 노래나 페이스북에서 100명 이상의 친구가 있다고 자랑하는 사람들도 있지만, 마음이 맞는 친구는 몇 명이면 충분하다.

③에 대해 말하면 아내는 매일 좋아하는 일을 함으로써 기분이 좋아져서 집에 돌아올 것이다. 남편에게 미안하게 생각할 것이고, 저녁

식사 준비도 활기에 차서 할 수 있을 것이다. 당연히 매일 맛있는 밥상을 받을 수 있다.

④에 대해서는 "남편은 건강하고 집에 없는 것이 좋다."는 "아내는 건강하고 집에 없는 것이 좋다."라고도 말할 수 있다. 다시 말해서 혼자 즐겁게 보내는 시간은 아내에게도 남편에게도 필요하다.

따라서 아내가 뭔가를 할 수 있도록 지원해주는 것이 좋다. "어디 가?" "누구랑 가?"라고 말하며 구차하게 들러붙어서는 안 된다. 이런 남편은 "나도 따라갈래." 따위로 말하기 때문에 '나도 족', 아내에게 들러붙어서 떨어질 줄 모르기 때문에 '젖은낙엽' 등으로 꽤 오래전부터 불리고 있지만, 그런 현상이 요즘 들어서도 별로 달라진 것 같진 않다.

생각해보면 이것은 남편이 사회적으로 활동하고 있을 때 아내에게 듣고 싫어했던 말과 다르지 않다. 아내가 "오늘도 늦어요?" "누구랑 만나요?"라고 했던 바로 그 말이다.

모든 것을 아내에게만 의지하지 않는 것이다. 그러기 위해서도 아내가 다른 세계를 갖는 것은 중요하다.

식사도 차도 마주 앉기보다
나란히 앉는 것이 좋다

아내가 다른 세계를 만들어서 자기만의 시간을 가질 수 있게 되면 모처럼 같이 있을 때는 기분 좋게 보내고 싶어 한다.

요즘 엄마들은 아기를 업지 않고 아기띠로 안고 다닌다. 안고 있으면 아기와 엄마의 얼굴이 마주보기 때문에 엄마는 사랑스러운 아이의 얼굴을 볼 수 있어서 좋다고 생각한다.

그런데 업는 경우는 엄마의 양손이 자유로워져서 집안일이든 뭐든 할 수 있기 때문에 편리할 뿐만 아니라 "어머나, 꽃이 참 예쁘네?" 하고 아기와 엄마가 같은 시선으로 같은 것을 볼 수 있다. 이것이 아기의 마음이나 지능의 발달에 필시 좋은 영향을 줄 것이라고 한다. 소아과 의사로 도쿄 애육 병원의 원장을 지낸 나이토 주시치로가 전에 말한 '업기의 효용'이다.

부부 사이에도 이와 유사한 점이 있지 않을까?

《어린왕자》로 유명한 프랑스의 작가이자 비행사 생텍쥐페리의 에세이 《인간의 대지》에도 이런 문장이 있다.

"경험은 우리에게 가르쳐준다. 사랑한다는 것은 서로 얼굴을 마주보는 것이 아니라 함께 같은 방향을 보는 것이라고. 한 묶음의 장작에 같이 묶여 있지 않는 한 동료가 아니고, 같은 봉우리를 목표로 하여 도달하지 않는 한 동료가 아닌 것이다."

이 번역문에서는 '(얼굴을) 마주본다'와 '(같은 방향을) 본다'가 다르게 번역되어 있는데, '마주본다'도 '본다'도 원문에서는 'regarder', 즉 '바라보다'라는 의미다.

다시 말해서 "사랑은 상대와 대면하여 얼굴을 서로 바라보는 것이 아니라 둘이서 같은 방향을 바라봄으로써 더욱 깊어진다."고 바꿔 말해도 될 것이다.

생텍쥐페리는 '동료'라고 말했지만 이 '동료'를 부부로 바꿔놓으면 정말로 딱 맞아떨어지는 표현이지 싶다.

사랑으로 뜨거운 연애 시절에는 서로 얼굴을 마주하고 상대의 얼굴을 보면서 마음을 확인하며 이야기하는 것도 좋을 것이다. 그러나 오랜 세월을 같이 보낸 부부에게는 오히려 서로의 얼굴을 바라보는 것보다 서로의 관심이 향하는 방향, 시선의 방향을 일치시키는 것이 좋다.

이처럼 옆에 앉기는 얼마 전부터 오픈 카페 같은 곳에서 유행하고 있다. 필시 거리가 유럽의 거리처럼 아름다워졌다는 것과 해외여행을 통해 이런 스타일의 카페를 경험한 사람이 늘어났기 때문이리라.

옆에 나란히 앉아 있으면 특별히 이야기를 하지 않아도 둘이서 유유자적한 시간을 보낼 수 있다. 잠깐 어깨를 기대도 부자연스럽지 않다.

그리고 무엇보다도 좋은 것은 나란히 앉으면 서로의 얼굴을 계속해서 보고 있을 필요가 없다는 것이다. "결혼한 후에는 상대를 한쪽 눈으로 보라."는 말대로 저편에 펼쳐져 있는 아름다운 광경이나 화제에 눈과 관심을 보낼 수 있다.

이것이 나란히 앉는 것의 가장 큰 효과일지도 모른다.

애정은
확실하게 전달하지 않으면 모른다

외국인은 "안녕하세요?"라고 인사하듯 "아이 러브 유."라는 말을 쓰지만 동양인 남성들은 애정 표현이 매우 서툴다.

"못하겠어요. 부끄러워서. 나 같은 사람한테는 무리예요."

"뭐 하러 그런 말을 일부러 해야 됩니까? 이심전심으로 알 수 있잖아요."

많은 남편 족은 대개 이렇지 싶다.

그러나 '일본 애처가 협회'를 설립한 야마나 기요타카의 말에 따르면 유감스럽게도 '말하지 않아도 통한다'는 것은 남자의 착각이다. 실제로 그는 이혼한 아내로부터 "당신은 날 보지 않아요."라는 말을 들었다고 한다.

"보지 않는다고? 난 똑똑히 보고 있어."라고 말해도 아내는 고개를 가로저을 뿐이었다. 그리고 그가 미처 의미를 깨닫기도 전에 아내는 떠나갔다.

아내가 떠난 후 그는 그 이유를 생각해보다가 마침내 그동안 자신이 일이나 자기만 보고 있었다는 것을 깨달았다. 상대의 모습이나 행동은 분명히 보고 있었지만, 그 마음을 알려는 노력은 하지 않았던 것이다. 필시 그런 노력을 하지 않아도 사랑한다는 마음은 전해지고 있다고 생각하고 있었으리라.

깊이 반성한 그는 재혼했을 때 '가장 가까이 있는 아내를 소중히 여기자. 그것만으로도 생활은 풍요로워진다.'고 생각했다. 그리고 '아내라는 생판 남을 소중히 여기는 사람이 늘어나면 세상은 좀 더 평화로워질지 모른다.'는 취지 아래 '일본 애처가 협회'를 설립했다.

그런데 홈페이지에 접시를 닦고 있는 영상을 올렸을 뿐인데도 전 세계 매스컴에서 반응을 보였다. 어쩌면 그들은 '일본 남자는 일만 하고 애처가는 없다.'고 생각하고 있었는지도 모른다. 일본 남자는 애처가가 아니라는 이미지는 전 세계 사람들이 공통적으로 갖고 있는 모양이다.

그러나 내 생각에는 애정을 표현하는 기술이 없을 뿐이지 대부분의 남편들은 애처가다. 그것은 모든 아내 족도 믿어주었으면 좋겠다.

'일본 애처가 협회'에서는 아내에 대한 애정을 표현하는 연습을 겸하여 다양한 이벤트를 펼치고 있다. 예를 들면 본부가 있는 군마 현 쓰마고이무라에서 '양배추 밭의 중심에서 아내에게 사랑을 외치다.'

라는 대회를 열고 있다. 우선은 큰 소리로 사랑의 말을 외치는 것부터 시작한다는 것이 그 취지인 듯하다. 같은 대회를 히비야 공원에서도 열었다고 한다.

참고로 협회의 명예회장은 야마토타케루노 미코토日本武尊(일본의 신 중 한 명 – 옮긴이)다.《고지키》에는 그가 현재의 이 마을 근방에 왔을 때 그를 위해 바다에 몸을 던져 죽은 아내를 큰 소리로 "나의 아내여!"라고 불렀다고 나와 있다. 이 일로 명예회장에 추대되었고, 쓰마고이무라도 그 일화를 기념하기 위해 지어진 마을 이름이라고 한다.

덧붙여서 1월 31일을 '애처의 날'로 지정하여 그날 밤 8시, 일본의 모든 남편이 식탁에서 아내에게 감사와 위로의 말을 전하기로 했다고 한다.

회원 수는 아직 얼마 안 되는 것 같지만, 그야말로 '아내 대책'의 조직적인 캠페인이라고도 할 수 있는 그 장대한 취지에 어울리게 협회가 날로 발전하기를 나도 진심으로 기도하고 있다.

'아내 대책'은
'적당한 것'이 좋다

진심으로 진정한 '애처가 운동'에 응원을 보내는 한편, 나는 어깨의 힘을 조금 빼고 부부의 애정표현이랄까, 넓은 의미에서의 '아내 대책'을 생각하고 있다.

그것을 잘하는 요령은 너무 진지해지지 않고 '적당히' 하는 것이다.

이른바 '정의의 사나이'가 모든 사람들로부터 무조건적으로 환영받지 못하는 이유는 모든 것을 고지식하게만 생각하고 행동하기 때문일 것이다.

'적당히'라고 하면 '대충, 대강'의 나쁜 의미로 받아들여지는 경우도 있지만, '과하지도 모자라지도 않게 알맞다' '적절하다'라는 좋은 의미도 있다. 여기서 말하는 '적당히'는 당연히 후자다. 목욕물의 온도 조절과 같이 적절하게 안배한다는 의미다.

무엇보다도 그렇게 하는 것이 편하고 좋다. 나쁜 의미로 쓰였다고 해도 "뭐, 어쩔 수 없지. 원래가 대충대충하는 사람이니까."라는 말로 넘어간다.

아내와의 관계에서도 마찬가지라고 할 수 있다. 예를 들면 많은 아내들이 남편에게 품는 불만 중 하나가 남편이 자기 말을 들어주지 않는다는 것이다.

단지 그 말을 했다간 남편과 싸워야 되기 때문에 그냥 잠자코 있을 뿐이다.

내 생각에 이런 사태를 초래한 남편은 대체로 너무 진지하다. 열심히 아내의 이야기를 듣고 뭐라고 대답이라도 해줘야 한다고 생각하기 때문에 거기에서 이미 지쳐버리는 것이다. 그 결과 차라리 듣지 않는 것이 나은 경우도 있다.

즉, 지치지 않는 방법으로 들으면 된다. 바꿔 말하면 '적당히' 듣는 것이다. 아내의 이야기가 반드시 남편의 답을 필요로 하는 경우는 의외로 적다. 만약 그런 종류의 이야기였다면 분명하게 "좀 상의할 게 있어요."라는 식으로 처음부터 말했을 것이다.

그러므로 아내의 이야기에 대해서는 너무 진지하게 대응하려고 할 것이 아니라 '적당히' 듣는다. 확실하게 말하면 흘려듣는 정도면 된다. 여자는 수다쟁이이지만 수다를 떠는 것을 좋아하기 때문에 답을 요구하는 경우가 의외로 적다.

퇴근해서 듣게 되는 아내의 푸념은 맞은편 집 고양이가 어떻다느니, 이웃집 아주머니가 쓰레기를 어떻게 버린다느니 따위의 이야기가 중심이다. 그런 이야기에는 진지하게 대응할 필요 없이 그냥 흘려듣기만 해도 된다. '듣기는 하는데 자신의 의견은 말하지 않는다.'는 자세다. 이것에 관해서는 나 스스로도 내가 달인이라고 자인하고 있다.

다시 말해서 아내의 이야기를 듣고 있다가 이따금 "흠. 그래서?"라고 맞장구를 치거나 "그거 참 힘들었겠어."라고 위로해주곤 한다. 이렇게 그저 들어주기만 해도 아내의 마음은 진정된다.

사소한 싸움을 늘리면
큰 싸움이 줄어든다

아내의 불만이 쌓이고 쌓이면 부부싸움으로 발전하게 된다. 그러나 대부분의 경우 옛날부터 '부부싸움은 칼로 물 베기'라고 말했듯이 심각한 폭력을 동반한 도메스틱 바이올렌스Domestic Violence(DV)가 아닌 이상 정면으로 대응하는 사람은 없다.

그러나 가끔 부부 사이에 균열을 일으켜서 이혼에 이르게 하는 전형적인 예도 있다. 엘리트 샐러리맨과 결혼한 한 여성의 이야기다.

소위 '3고(고학력 · 고신장 · 고수입)'를 모두 갖춘 남편을 맞이한 그녀는 주위에서 보면 행복 그 자체로 보였다.

그런데 그런 그녀가 돌연 가출을 했다. 남편으로서도 아닌 밤중에 홍두깨 같은 일이었던 모양이다. 의외의 사태에 놀란 그녀의 친구가 "어떻게 된 거니?"라고 물었다. 그러자 그녀는 "한마디로 말하면 남편이 나에게 전형적인 전업주부이자 현모양처를 원하기 때문이야."
라고 대답했다.

　대학에서 전문 교육을 받은 그녀는 자신의 전공을 살려 일을 하고
싶었다. 그런데 남편에게 "충분히 먹고살 수 있게 벌어다 주는데 굳
이 당신까지 일할 필요가 있을까?"라는 말을 듣고 아내는 집에 있어
야 한다는 남편의 마음이랄까, 바람에 저항할 수 없었다.

　게다가 남편은 "아이를 돌보는 것은 아내의 몫."이라고 말하면서
양육에 협조해주기는커녕 아이와 놀아주려고도 하지 않았다. 심지
어 "아이의 성적이 떨어진 책임도 아내에게 있다."며 그녀를 탓했다.
결국 그녀는 남편의 발소리를 듣는 것만으로도 가슴의 동요가 진정
되지 않는 지경에 이르렀고, 집 안에서 도망칠 데라곤 화장실밖에
없는 상태가 되어버렸다.

　이런 이야기들을 털어놓고 나서 그녀는 자조 섞인 목소리로 "내
가 너무 참았던 것이 오히려 독이었어."라고 말했다. 확실히 그때그
때마다 생긴 불만을 표출하며 사소한 주제만 갖고 싸웠다면 그렇게
까지 막다른 곳에 몰리지는 않았을지도 모른다. 너무 참기만 하다가
쌓일 대로 쌓여버린 불만을 더 이상 참을 수 없어서 이혼까지 결심
하게 된 것이리라.

　내가 "싸움은 그 불씨가 작을 때 많이 하는 게 좋다."고 말하는 것
은 그런 이유 때문이다. 그리고 될 수 있으면 요란하게 싸우는 것이
좋다. 소리를 지르며 요란하게 싸우다 보면 양쪽 모두 기분이 후련

해져서 화도 가라앉고, 짧으면 그 자리에서 웃으며 화해하거나 길어도 하룻밤이 지나면 잊어버린다.

제임스 딘이 주인공으로 나온 명작 영화 〈자이언트〉에도 요란하게 부부싸움을 하는 장면이 나온다. 미국 동부 출신의 히로인 레슬리(엘리자베스 테일러)는 서부 텍사스 주의 목장주 조단(록 허드슨)과 결혼한다.

이 두 사람은 출생과 자란 환경의 차이 때문에 싸움이 끊이지 않는다. 그날도 사소한 일로 싸움이 시작되었다. 그리고 다음 날 아침, 레슬리가 태연하게 말한다.

"싸우길 잘했네요. 화해를 할 수 있었으니까요."

'싸우고, 화해하는' 행동을 되풀이하는 것은 서로를 좀 더 가깝게 느낄 수 있게 해주고, 이해와 사랑을 깊게 해준다.

사소한 싸움을 되풀이하고, 작은 승리와 패배를 되풀이한다. 마치 게임과 같다. 부부싸움이란 실은 사이가 좋기 때문에 가능한 게임일지도 모른다.

"'댁에서는 부부 중 어느 쪽이 이기고 있습니까?'라는 질문처럼 바보 같은 것도 없다. 양쪽이 이기지 않았다면 양쪽이 진 것이다."(스티븐 코비)

이런 명언도 생각난다.

바람을 피우다 들키면
오로지 사과하는 수밖에 없다

동서고금을 막론하고 부부싸움의 원인 중 가장 큰 것은 남편의 외도일 것이다.

그러나 "내가 모르게만 하면 괜찮다."고 말하는 아내가 의외로 많다고 한다.

외도에도 고수와 하수가 있다. 아내에게 들키지 않고 요령껏 바람을 피우거나, 혹은 들켜도 "할 수 없지." 정도로 끝낼 수 있는 남자가 있다. 그러나 이혼을 당하는 사태로까지 몰릴 정도로 바람을 피우는데 서툰 남자도 있다.

어떤 불가피한 계기로 어쩌다 한 번 바람을 피운 것은 괜찮지만 바람을 피우는 것에 익숙하지 않으면 이혼으로 가는 케이스도 적지 않다. 이런 남자는 애초에 여성을 다루는 데 서툴다. 그렇기 때문에 좀처럼 오지 않는 기회를 놓치지 않으려고 "아내와는 요즘 사이가 좋지 않아."라든가 "요즘 들어서 아내에게는 여자를 느끼지 못하겠어." 따위의 말로 여자에게 구애한다.

일전에 나는 그런 남자를 상담한 적이 있다. "요즘 아내와 잘 지내지 못해."라는 남자의 말을 곧이곧대로 받아들인 여자에게 결혼을 재촉 받게 되자 남자는 이러지도 저러지도 못하게 되었다. 결국 아내에게 바람을 피운 것이 발각되었고, 상대 여자가 집으로 쳐들어올지도 모르는 지경까지 와버렸다. 그녀가 집에 와서 난동을 피우면 이혼을 피할 수 없을지도 모르는데, 이 사태를 어떻게 하면 되겠냐는 것이다.

나는 우선 그에게 외도 상대가 정말로 좋은지, 헤어지고 싶지 않은지, 이혼을 하면서까지 그녀와 결혼하고 싶은지를 확인해보았다. 그러자 그는 "그럴 마음은 전혀 없다."고 대답했다.

"그럼 할 수 있는 것은 한 가지밖에 없습니다. 여자가 난동을 피우러 올지도 모른다는 것을 아내에게 솔직히 털어놓고, 아내 앞에 엎드려 사죄하는 것입니다. 모든 자초지종을 이야기하고 무조건 고개를 숙여요. 어떤 변명도 하지 말고 싹싹 비는 것입니다. 그러면 해결될 것입니다."

나는 그렇게 말했다.

그 결과 그의 아내는 자초지종을 듣고 남편에게 불같이 화를 냈지만 결국 "할 수 없지."라고 말하면서 상대 여자는 자기가 만나보겠다고 했다고 한다. 그 말을 듣고 나도 그에게 "아내에게 모든 것을 맡기고 당신은 물러서 있어요."라고 말해주었다.

이 일은 나에겐 예상치 못한 일은 아니었다. 그때까지의 경험으로부터 이런 경우에 아내가 얼마나 강한지를 알고 있었기 때문이다.

앞에서 나는 "여자는 남편이 바람난 것을 알면 남편보다 상대 여자를 더 증오한다."는 이케나미 쇼타로의 말을 소개한 적이 있는데, 실은 현명한 아내는 그 말을 뛰어넘어 남편을 지키려고 한다.

'바람을 피우다 들키면 오로지 사과하는 수밖에 없다.'

이것이 바람을 피우다 들켰을 때 취할 수 있는 궁극의 '아내 대책'이다. 이 이상의 해결책은 없다는 것을 알아야 할 것이다.

이럴 때면 옛날 《주부의 친구》라는 잡지에 실려서 유명해진 "가정은 아내의 지배 아래 있는 영토다."라는 말이 절실히 와 닿는다.

서로 나이를 먹은 후의
이성 친구를 소중히 여긴다

작가 노사카 아키유키는 "남자와 여자 사이에는 깊고 어두운 강이 있다……."고 말했다.

그만큼 심각하지는 않다고 해도, 거기에 신의 의도가 어떻게 작용했는지, 남자는 여자의 마음을 몰라서 당황하는 경우가 많다.

그럴 때 도움이 되는 것이 이성 친구다. 아내라는 이름의 여자의 심리를 모를 때, 아내와 동성인 여성에게 물으면 납득이 가는 설명을 들을 수 있는 경우가 있다.

예를 들면 나로서는 이해할 수 없는 것이 아내가 느닷없이 나는 까맣게 잊고 있는 수년 전의 옛날 일을 다시금 문제로 삼을 때다. "그때는 이랬다. 그런 일이 있었다."는 식으로 이야기를 꺼낸다.

게다가 대부분이 과거에 내가 잘못한 것들이다. 나로서는 '왜 이제

와서 새삼스럽게……'라는 생각이 들 정도로 사소한 일을 끄집어내어 원망에 찬 눈빛으로 공격해 들어온다.

나의 이런 고민은 남편들이라면 공통적으로 갖고 있을 것이다. 대부분의 남편들은 "그래, 맞아. 정말이지 여자들은 왜 그렇게 갑자기 옛날 일을 끄집어내는지 모르겠어."라고 동조한다.

내 지인은 신혼시절에 고향집에 갔을 때 어머니가 만들어주신 요리를 먹고 "맛있다! 이런 맛을 낼 수 있도록 당신도 공부 좀 해봐."라고 아내에게 말했다가 지금도 가끔 그 말을 한 것 때문에 아내에게 시달린다고 한다.

그 말을 그는 여자 친구에게 했더니 "당연하지."라는 말을 들었다. 여자에게는 어쨌든 시댁에 간다는 것이 적지에 가는 것과 같다고 한다. 유일한 아군이라고 생각한 남편에게 그런 말을 들었으니 뼈에 사무치는 건 당연하다는 것이다.

이런 건 아무래도 남자로선 모를 수밖에 없다. 남자는 처가댁에 갈 때 의외로 편하게 마음을 먹을 수 있다. 약간의 긴장감은 있어도 처가댁을 적지라고까지는 생각하지 않기 때문이다.

자신의 생각으로는 이해할 수 없는 부분을 이성의 관점으로부터 배운다. 이것이 이성 친구의 고마운 점이다.

입장을 바꿔보면 이것은 아내에게도 해당된다고 할 수 있을 것이다. 남자인 남편의 마음을 모를 때 남자 친구에게 물어보는 것도 좋은 방법이다. 부부 사이가 나빠지지 않기 위해서는 역시 그런 것이 필요할 때도 분명히 있다.

한 아내가 남편의 휴대폰에 옛날 여자의 번호가 남아 있는 것을 우연히 발견했다. 의심암귀疑心暗鬼(의심하면 마음속에 망상이 일어나 불안함 - 옮긴이)에 사로잡힌 아내는 남자 친구에게 그 이야기를 했다. 그는 웃으면서 남자의 마음에 대한 강연을 해주었다.

"남자에게 '과거'는 그것이 어떤 것이든 하나의 데이터일 뿐이야. 그러니까 이따금 옛날 여자의 데이터도 불러내서 참고로 할 때가 있는 거지. 그러나 그것은 어디까지나 참고일 뿐 타다 남은 말뚝에 불이 붙듯 다시 만날 일은 절대로 없어. 그러니까 괜찮아."

그녀는 남자 친구의 그런 설명을 듣고 그제야 겨우 그렇구나 하고 납득했다.

그녀의 남자 친구의 말처럼 옛날 연인에 대한 사고방식은 남자와 여자가 크게 다르다. 여자는 새 남자가 생기면 그전까지 사귀었던 남자는 얼굴도 생각나지 않을 정도로 잊어버린다고 한다.

여자는 직각으로 꺾어서 걷기 때문에 과거의 남자는 전혀 보이지 않게 된다. 한편 남자는 그대로 곧장 나아가기 때문에 이따금 먼 옛날을 돌아보는 경우가 있다고 한다. 단지 그것도 그저 돌아보는 것에 지나지 않을 뿐이다. 남녀의 차이는 이런 것에서도 나타난다.

이케나미 쇼타로도《오니헤이 한카초》에 이렇게 썼다.

"여자라는 생물에겐 과거도 없고, 또 미래도 없고, 단지 하나 현재의 자기 자신뿐……."

컴퓨터를 예로 들면 남자는 과거와 현재를 따로따로 정리하여 보관하는 것에 비해 여자는 '덮어 쓰기'로 보관하여 과거를 지워버리는 것이다.

물론 이성 친구 중에도 여러 가지 타입이 있다. 고민거리를 말해봐야 별로 건질 것이 없어서 매력적이지 못한 상대는 곤란하다. 단지 여성에 따라서는 전에 사귀던 남자에게 상담하는 경우도 있다고 한다. 그러므로 거기에서 뭐라 말할 수 없는 위험한 냄새가 풍기는 경우도 있다.

그러나 어느 정도 나이가 되면 그저 분위기를 즐기는 선에서 끝날 것이다. 그것이 어른의 교제라는 것이다.

아내와 자신의 사이를
중재해주는 '중재인'이 있는가?

'이성 친구' 외에도 부부 사이의 갈등이나 문제를 상담해주는 '명 중재인'은 없을까? 옛날에는 중매쟁이가 그 역할을 맡았다.

최근에는 연애결혼이 늘어난 탓에 중매쟁이가 없는 결혼식이 지극히 당연한 일이 되었지만, 옛날에는 연애결혼이라도 친척 아저씨나 회사 상사에게 중매쟁이를 부탁하여 중매쟁이가 없는 결혼식은 거의 없었다.

그런 관습에 따라 두 사람이 다 알고, 두 사람이 사귀는 것을 처음부터 쭉 지켜본 대학 선배에게 중매쟁이 역할을 부탁한 지인이 있었다. 그는 약혼한 여성에게서 "선배의 소개로 알게 된 것도 아닌데 그저 결혼식 때 들러리로 앉아 있을 사람이 필요했던 거야?"라는 말을 들었을 때 이렇게 대답했다고 한다.

"중매쟁이라는 건 부부가 처음으로 공유하는 존재이니까."

다시 말해서 늘 사이좋게 지낸다고는 단정할 수 없는 부부 사이에 만약 무슨 일이 일어났을 때 양쪽의 말을 공평하게 듣고 어드바이스를 해주는 역할을 맡는 것이 중매쟁이가 아닐까 하고 그는 생각한 것이다.

부부 사이에 다투는 일이 일어났을 때 각자의·부모나 친척, 친구는 확실히 각자의 편을 들어줄 것이다. 그러면 부부 싸움은 그런 주위 사람들까지 휘말리게 하여 진정될 것도 진정되지 못하는 경우도 있다. 따라서 중매쟁이란 그런 역할도 맡아온 것일지도 모른다.

결혼생활이란 나고 자란 환경이 전혀 다른 두 사람이 같이 사는 것이다. 의견의 차이가 생기는 것은 당연하다. 그럴 때 필요한 것이 아내와의 사이를 중재해주는 명 중재인이다. 중매쟁이, 혹은 공통의 친구처럼 한가운데에 서서 서로를 이해해주는 사람의 존재는 부부 사이에 참 감사한 존재다.

4

'고맙다'는
표현은
말로 한다

'고맙다'는
표현은 말로 한다

네슬레 일본에서 실시한 '고맙다'에 관한 조사에 따르면 '고맙다' 라는 말을 많이 한 사람일수록 스트레스를 금방 잊는다는 결과가 나왔다. 하루에 스무 번 이상 말하는 사람의 36.6퍼센트가 하루 만에 스트레스를 잊는 것에 비해 한 번도 말하지 않은 사람의 40.5퍼센트는 일주일 이상이나 스트레스에 시달렸다고 한다.

다만 남성은 나이가 많아질수록 고맙다고 말하는 횟수가 줄어든다. 50대의 평균 4.3회는 10대의 7.8회의 약 절반. 나이가 많은 남편은 자신을 돌아볼 필요가 있다.

그런데 이제 와서 새삼스럽게 아내에게 "고맙다."고 말하는 것도 쑥스럽다. 그렇다고 "땡큐."로 넘어가기에도 석연치가 않다. 영어로 말하면 왠지 가볍게 들리기 때문이다.

역시 감사의 마음이 전달될 수 있도록 "고맙다."고 마음에서 우러나오는 말로 해야 한다. 실제로 아내에게 하는 '고맙다'는 말은 '남자가 살아가는 지혜'이기도 하다.

맞벌이를 하는 부부로 당뇨병을 앓고 있는 아내를 위해 매일 아침 일찍 일어나 도시락을 싸는 남편이 있었다. 전에는 가장의 권위로 똘똘 뭉쳐서 아내 위에 군림하던 그다. 시댁 부모가 가업을 말아먹어서 빚이 있었기 때문에 아내는 일을 그만두고 싶어도 그만둘 수 없었다. 그런 이유도 있고 해서 남편은 매일 아침 당뇨병을 앓는 아내를 고려한 도시락을 쌌던 것이다.

남편의 감사의 마음은 아내에게 충분히 전달되고 있었고, 아내도 그런 남편에게 감사하고 있었다.

이처럼 서로가 상대방에게 감사의 마음을 갖고 있는 부부는 더할나위 없이 좋은 부부라고 할 수 있다. 회사에 올인하며 일만 알고 살아온 사람일수록 정년을 맞이하여 매일 집에 있게 되면 딱히 취미도 갖지 못하고 그저 '밥, 목욕, 잠'밖에 모르는 경향이 강하다. 게다가 아내의 행동에만 신경 쓰기 시작하면 누구를 막론하고 우울해지게 되는 것은 당연하다.

지금까지 자신이 아내에게 무언가를 받고도 당연한 듯 무뚝뚝했다고 생각하는 사람이라면 정년 후부터라도 늦지 않다. 반드시 아내에게 '고맙다'는 말을 해주는 것이 좋다.

어쨌든 일이 삶의 보람이었던 사람이 일이 없어졌다고 해서 집에서 매일 아내에게 거만하게 구는 것은 당치도 않다. 아내가 자신에게 해준 것에는 솔직히 "고맙다."고 말해야 한다. 그것이 퇴직 후의 생활을 평화롭게 보내는 요령이다.

앞에서 '땡큐'는 왠지 가볍게 들린다고 했는데 그렇다면 영어 대신 우리말로 표현하는 건 어떨까?

"고마워요."나 "미안." "알았어." "맛있다." 등의 의사표현, "안녕." "잘 자요." "다녀왔어요." "어서 와." 등의 인사를 습관적으로 하는 것이다. 우리말은 상대를 배려한다는 느낌을 주어서 듣는 이도 편안함을 느낀다.

짧은 '메모'는 아내에게 말보다
더 큰 기쁨을 준다

'고맙다'는 말을 좀처럼 하지 못하는 남편. 바쁜 일상으로 엇갈리는 일이 많아서 얼굴을 마주보고 대화를 나누지 못한다는 부부. 그런 남편이나 부부에게 딱 맞는 '아내 대책' '부부 대책'을 최근 만난 어느 40대 전후의 회사 사장에게서 들었다.

그는 초혼이지만 아내는 재혼이다. 그녀는 전 남편과의 사이에서 안 좋은 기억이 있었다. 남편은 그녀의 새로운 결혼생활을 행복하게 만들어주어야 되겠다고 마음을 썼다.

그런 그가 웃으면서 말했다.

"상대가 재혼한 사람이 수월해요. 왜 헤어졌는지를 알면 자기는 그 반대로 하면 되니까요."

그의 말에서는 진정성이 느껴졌다.

흔히 상대가 재혼이라면 그 상대는 전 배우자와 사별한 것보다 이혼한 사람이 낫다고 한다. 이러한 사정을 알고 있었지 싶다.

그는 아직 신혼이지만 그의 '아내 대책'은 베테랑 부부에게도 충분히 통한다. 아니 오히려 부부의 원점을 파악하는 데 있어서 크게 참고가 되는 주의 사항이 몇 가지나 있었다.

우선 내가 감탄한 것은 그가 결혼 초보자로서 사이가 좋은 부부에게서 결혼생활을 잘하기 위해서는 어떻게 해야 되는지 매우 겸허하게 배우려고 한 점이다. 그는 직업상 규모가 큰 회사의 임원이나 사장 중에 지인이 많은데, 그중에서 부부 사이가 원만한 선배들에게 그 비결을 묻고 다녔다.

그리고 기본적으로는 '아내의 말'을 들으면 되는 것이 비결이라고 결론을 내렸다. 80퍼센트는 아내의 말대로 한다. 게다가 "이렇게 하면 좋겠어, 저렇게 하면 좋겠어."라는 말을 듣는 것이 아니라 그런 말을 어떻게 '듣지 않을 수 있을지'가 관건이라고 생각했다.

그러기 위해서는 평소의 커뮤니케이션이 중요하다. 그에게는 비책이 있었다. 그 비책은 아내와 오히려 직접 대화를 나눌 수 없을 때 효과를 발휘한다.

예를 들면 그가 출장을 마치고 낮에 집에 돌아왔다. 아내는 외출했는지 집에 없었다. 그래서 그는 출장지에서 받은 김치를 책상 위에 놓고 펜을 꺼내 메모를 남겼다.

"다녀왔어요. 항상 고마워요. 김치를 받았어요. 내 몫도 남아 있더

군요(웃음)."

단순한 메모가 아니다. 아내에 대한 배려의 마음이 담긴 글이다. 그런 그의 마음을 느낄 수 있다.

좀 격식을 차린 생일 선물 같은 것을 줄 때는 문구점에서 파는 축하 카드나 직접 만든 엽서를 사용한다. '항상 감사하고 있는 것'으로서 몇 가지를 조목별로 쓴다. 요령은 정말로 감사하고 있는 것과 앞으로 어떻게 해주었으면 좋겠다는 바람을 섞어서 쓰는 것이다.

80퍼센트는 아내에 대한 진짜 감사이지만 나머지 20퍼센트는 실은 아내에 대한 주문 내지 바람이나 부탁이다. 그래도 충분하지 않은 20퍼센트까지 감사의 마음이 표현되어 있으면 아내에게는 그 마음이 전해진다. 따라서 아내는 좀 더 잘해주려는 마음을 새롭게 다지게 된다.

정말로 감사하고 있는 것은 '항상 미소를 잃지 않는 모습'과 '싫은 내색을 하지 않고 음식을 만들어주는 것'이다. 그리고 더불어서 '내 부모님에게도 상냥하게 대해드릴 것'을 부탁해놓았다.

아내는 '시부모님께는 그렇게 상냥하게 해드렸건만.' 하고 고개를 갸웃거리면서도 앞으로는 좀 더 상냥하게 대해드려야겠다고 생각한다.

실로 훌륭한 방법이다. 풋내기 남편이라고는 생각할 수 없는 '아내 대책'이다.

자란 가정은 키울 가정보다
중요하지 않다

아무리 부부라 해도 타협점을 찾기가 힘든 것이 '성장 환경의 차이'이다.

지금까지 자라온 가정에서 각자의 몸에 밴 습관은 아무도 바꿀 수 없다. 그것이 부정되면 자신의 원점이 부정된 것 같아서 기분 나쁘다. 그러나 미국의 링 라드너라는 작가가 한 말은 이 문제의 명쾌한 답을 제시하고 있다.

"당신이 자란 가정은 앞으로 당신이 꾸릴 가정만큼 중요하지 않다."

서로의 본가는 부부 각자가 '자란 가정'인 데 비해 결혼해서 꾸린 가정은 부부가 둘이서 '키울 가정'인 것은 분명하다.

이렇게 비교해보면 어느 쪽이 중요한지는 명백해질 것이다.

'자란 가정'에서 서로의 몸에 밴 습관이 아무리 달라도 앞으로 '키울 가정'을 위해서는 그 차이를 잘 흡수해야 한다. 1장에서 말했듯이 오히려 서로의 '차이'를 존중하며 즐기면 된다.

예를 들면 아침식사. 밥에 국, 반찬이 제대로 된 식사라는 남편. 아침은 늘 빵에 커피를 먹었다는 아내. 서로가 고집을 피워봤자 길은 열리지 않고, 어떤 환경에서 자랐든 본인에게 책임은 없다.

그럴 때 먼저 "우와, 그랬구나?" 하고 감탄해본다.

국제결혼이 좋은 예다. 처음부터 문화적 차이와 국민성에 대해서는 알고 있었다. 모든 것에 대해 자국인끼리의 결혼보다도 상대에게 관용적이다.

그들은 상대의 습관에 대해 처음부터 거부반응을 보이지 않는다. 이해하고, 재미있어하고, 인정한다. 가능하면 자신도 그것에 융합하려고 노력하는 자세도 보인다.

요컨대 서로에게 허용되는 범위가 넓은 것이다. '차이'를 발견하는 것이 오히려 신선하고 자극적이기도 해서 즐기고 있는 것처럼 보인다. 국제결혼을 한 부부는 화기애애한 경우가 많은 것 같다.

이 또한 자기들이 '자란 가정'보다 앞으로 자기들이 '키울 가정'을 위해서는 그렇게 하는 것이 낫다고 부부가 알고 있기 때문일 것이다. 이런 의미에서 보면 자국인끼리 결혼한 일반 부부들은 국제결혼을 한 사람들을 보고 배워야 할지도 모른다.

서로 '자란 환경의 차이'가 있거나 습관의 차이가 있어도 지금 자기들은 자기들의 새로운 가정을 키우고 있다. 그 속에서 자기들 나름의 새로운 룰을 만들면 된다.

'자란 가정'보다 '키울 가정'이 중요하다는 기준을 세우게 되면 남편이든 아내든 자신이 자란 집에서 하던 방식을 강요하지 않을 것이다. 서로 '자란' 가정을 존중하면서 자기들이 '키울' 가정에 어느새 양쪽의 장점을 융합시켰을 때 비로소 진정한 의미에서의 '결혼'이 실현되는 것일지도 모른다.

그렇게 되면 아내는 물론 서로의 본가도 모두 행복해져서 자연스럽게 마음속에서 '감사함'이 우러나오게 된다.

아내의 가족을 헐뜯지 말고,
아내의 부모를 소중히 여긴다

부부를 키워준 각자의 집에 대해서는 감사한 마음과는 달리 양가 부모형제와의 관계를 둘러싸고 종종 문제가 생긴다.

실제로 부부싸움의 원인은 상대방의 가족인 경우가 적지 않다.

물론 자신의 부모나 가족을 자신이 나쁘게 말하는 것은 별로 문제가 안 되지만 어떤 상황에서도 상대방의 부모나 형제를 나쁘게 말하는 것은 금물이다.

왜냐하면 이런 시추에이션이 자주 나타나기 때문이다.

아내가 자신의 부모형제에게 불만을 품고 남편 앞에서 그들을 비방하고, 험담하기 시작했다. 몹시 화가 나서 남편에게도 동의를 구하는 듯한 말투다.

실은 이럴 때가 가장 위험하다. 행여나 아내의 험담에 덩달아 "그

래, 맞아. 알지, 알아. 정말 당신 형제들은……." 따위로 동의해서는
안 된다.

이런 말을 했다가는 아내는 방금 전까지 향하던 공격의 예봉을 돌
려서 "뭐라구요? 당신한테까지 그런 말은 듣고 싶지 않아요. 당신 형
제들도……."라고, 그 한마디가 싸움의 도화선이 된다.

아내의 부모형제와의 관계는 분명히 미묘한 면이 있다.

우리 집에서는 아내가 부모형제와 아주 사이가 좋다. 왕래도 하고
있다. 다만 그런 이유로 한번 처갓집에 전화를 걸면 언제나 통화가
길어진다.

만약 그 통화가 식사 전이기라도 하면 아무리 아내를 배려한다고 자
부하는 나도 "쓸데없이 전화로 수다 떨고 있지 말고, 어서 식사 준비나
해!"라고 말하고 싶어진다. 그러나 그랬다가는 그걸로 끝이다.

그래서 본심과는 반대로 초조한 마음을 억누르며 태연하게 "어
때? 형님은 잘 지내시지?"라고 묻는다. "언제까지 전화통을 붙잡고
있을 거야!"라고는 입이 찢어져도 말하지 않는다.

이런 이야기도 있다. 지인이 처갓집에 갔을 때 뭣 때문인지 아내가
뚱한 표정을 짓고 있었다. 그런 그녀를 보고 장모가 "저 애가 늘 저래
서 골치라네."라고 말했다. 그는 장모의 기분을 맞춰줄 요량으로 "정
말 그래요."라고 맞장구를 쳤다. 그러자 그곳의 분위기가 순식간에
얼어붙었다고 한다. 바로 이런 것이다.

즉 피로 맺어진 가족, 특히 부모를 욕하는 소리를 들으면 자신도

욕을 먹은 것 같은 기분이 드는 것이다.

이케나미 쇼타로의 《신판 남자의 작법》에 이런 이야기가 나와 있다. 이케나미 부인의 어머니가 돌아가셨을 때의 일이다.

"부의금은 얼마를 하면 될까요?"라고 부인이 묻자 이케나미는 이렇게 대답했다.

"얼마나 하면 좋을지 당신이 말해봐요."

그는 우선 부인에게 의견을 물었다. 그러자 부인이,

"이 정도면 어떨까요……?"라고 말해서,

"아니, 장모님인데 그건 너무 적어요. 그 두 배로 해요."라고 말했다고 한다.

이 말로 부인은 남편이 자기 집과 가족을 얼마나 소중히 여기고 있는지 깨달았다. 옛날에는 다들 그랬다고 이케나미는 말한다. 이것이 진정으로 '가장다운 가장'이지, 그저 으스대기만 하는 것은 '가장'도 아무것도 아니고, 단순히 자기중심적인 사람이라는 것이다.

아내의 부모를 소중히 여기면 아내는 남편에게 감사의 마음을 갖는다. 서로 '감사의 말'을 쉽게 꺼낼 수 있는 환경이 된다. 또 그뿐만이 아니라 남편이 저지른 사소한 잘못도 아내는 눈감아주게 될 것이다.

이사와 출산 때는 무슨 일이 있어도
아내 옆에 있어야 한다

남자가 반드시 아내 옆에 있어야 할 때를 꼽으라면 이사와 출산, 이 두 가지 경우일 것이다. 이 두 가지는 아내에겐 평생 몇 번 없는 양대 이벤트이고, 이때 아내 옆에 없는 것은 남편에겐 평생의 과오가 된다.

실은 지인의 형이 이사 때 집을 비우는 바람에 아내의 화를 사게 되었고, 그것이 원인이 되어 이혼까지 했다. 역시 이사라는 것이 한 집안의 생활의 본거지가 바뀐다는 일생일대의 사건인 것은 분명하기 때문에 남편이란 사람은 반드시 그 현장에 있는 것이 당연하다.

이런 우스운 이야기도 있다. 이사 날짜가 정해졌을 때 남편은 이삿짐을 꾸리는 것에서부터 모든 것을 아내에게만 맡기고 자신은 이사에는 전혀 관여하지 않았다. 그런데 이사 당일 퇴근한 남편은 이사한 것을 잊고 평소대로 전철을 타고 전에 살던 집으로 갔다.

당연히 집은 텅 비어 있었다. 남편은 그제야 겨우 이사한 것을 깨달았다고 한다.

모든 것을 아내에게 맡겨버렸기 때문에 이런 일이 일어났다. 당연히 여태 혼자서 이사 준비를 하느라 고생한 아내에게도 생각이 미치지 않았을 것이다.

아내가 고생하는 것을 실감하기 위해서라도 아무리 일이 중요해도 이사 때는 아내 옆에 있어야 한다.

출산 때도 자식이 태어난다는 인생의 중대사에 남편이 곁에 없었다면 죽을 때까지 "당신은 이 아이가 태어날 때 없었잖아요."라고 원망을 들을 것이다. 실제로 이런 예가 많다.

요즘 젊은이들은 아내가 아이를 낳을 때 남편이 병원은 물론 분만실까지 들어가서 아이를 낳는 과정을 모두 지켜본다고 한다. 새로운 부부의 형태로 입회출산이라는 것이 늘어나고 있는 것도 사실이다.

옛날 세대라면 남편이 입회한다고 해도 "이건 여자 일이니까."라며 거부당하는 것이 보통이었다. 전에는 지금처럼 병원에서 출산하는 것이 아니라 보통 집에서 출산했기 때문에 산모가 진통이 와서 괴로워하기 시작하면 산파를 데리고 온다. 그 이후는 여자들만의 세계였다.

남자가 방 안을 기웃거리고 있으면 "여긴 남자가 올 곳이 아니다."라는 말을 들으며 방해꾼 취급을 받았다. 난 개인적으로는 남자가 출산에 입회하는 것이 필요 없다고 생각한다. 아내가 출산하는 광경을 생생하게 지켜보고 그 후의 성생활에 지장이 생겼다는 이야기도 들은 적이 있다.

그러나 지금 여기서 문제로 삼고 있는 것은 출산 입회의 옳고 그름을 가리는 것이 아니다. 출산할 때는 무슨 일이 있어도 아내의 곁에 있는 것이 좋다는 것이다.

즉, 갓 태어난 아기의 원숭이 같은 얼굴을 처음 보는 것은 남편의 역할이다. 물론 산후의 아내에게도 "수고했어, 고마워."라고 한마디 해줘야 한다.

출산 때 아내 옆에 없으면 남편은 아내에게 두고두고 원망을 듣는다. 이사 날을 잊고 있던 남편도 평생 아내에게 싫은 소리를 듣게 될 것이다.

어쨌든 이사와 출산 때는 반드시 아내 옆에 있는 것이 남편의 역할이라고 명심하고 있는 것이 좋다.

두 사람의 기념일은
'아내 대책'의 절호의 찬스

진부하긴 하지만 부부의 '기념일'은 남자가 생각하는 것 이상으로 '아내 대책'으로서 중요하다.

앞에서도 예로 든 데일 카네기의 《인간관계론》을 보면 마지막 장인 '행복한 가정을 만드는 일곱 가지 원칙'에 '5. 작은 관심을 표시하라.'의 일환으로 다음과 같은 조언이 나와 있다.

"여성은 생일이나 기념일을 중시한다. 그 이유는 - 남자들은 이것을 이해하지 못한다. 보통 남자들은 그리 많은 날짜를 기억하지 않아도 사는 데 아무 지장이 없다. 하지만 잊어서는 안 되는 날도 약간은 있다. 예를 들면 1492년(콜럼버스의 아메리카 대륙 발견)과 1776년(미국의 독립 선언), 그리고 아내의 생일과 결혼기념일이다. 처음 두 가지는 잊어도 용서가 된다. 그러나 나중의 두 가지는 절대로 잊어서는 안 된다!"

여성에게는 역사상 유명한 두 가지 기념일보다 더욱 중요한 두 가지 기념일이 자신의 생일과 남편과 맺어진 결혼기념일이라고 한다. 이것은 '아내 대책'으로서 절대로 흘려들을 수 없는 말이다.

나는 아내를 데리고 1년에 몇 번 여행을 다닌다. 그것은 애정 표현의 하나이자 애정을 행동으로 표시하겠다는 마음가짐이다.

평소에 이해하기 쉽게 애정 표현을 하지 않는 남편은 아내의 생일이나 두 사람의 결혼기념일에 여행이나 선물, 레스토랑에서의 식사 등을 실행하면 상당한 효과를 기대할 수 있다. 요컨대 상대에게 깊은 관심을 갖고 있다는 메시지를 행동으로 표현할 수 있으면 되는 것이다.

선물과 함께 '고맙다.'고 쓴 카드를 곁들여도 좋다. 물론 '고맙다'는 표현을 말로 하는 것도 중요하지만 글로 전하는 것도 효과적이다.

그러나 우리 부부의 경우 솔직히 말하면 나도 아내도 결혼기념일을 기억하지 못한다. 내가 아내를 데리고 여행을 가는 명목은 딱히 결혼기념일도 아내의 생일도 아니다. 어쩌다 한 번씩이긴 하지만 꼭 데리고 가서 아내가 만족하면 기념일에 얽매일 필요는 없다고 생각하기 때문이다. 하지만 요즘 젊은이들은 생일이나 결혼기념일을 중요시한다. 그것은 그것대로 훌륭한 '아내 대책'이라고 생각한다.

몇 년 후 기념일에는 '이것'을 하겠다는 꿈을 말한다

놀랍게도 나 외에 지금까지 결혼기념일을 한 번도 챙긴 적이 없다는 지인이 있었다. 벌써 쉰 살이니까 결혼해서 20년 전후는 지났을 것이다. 그런 그가 최근에 처음으로 결혼기념일에 아내에게 선물을 주어서 예상 이상으로 효과를 보았다고 들었다.

역시 카네기가 말한 대로 기념일을 소중히 여기는 여심은 '아내 대책'을 위해서도 간과할 수 없다. 그러므로 해마다 돌아오는 기념일에는 반드시 선물을 해야 한다. 그리고 예를 들면 은혼식이나 금혼식 같은 특별한 해에는 다른 때와는 다른 특별한 선물을 하는 것도 매우 효과적일 것이다.

결혼 10주년이 되면 세계 일주 여행을 다녀오자고 아내에게 약속한 남자가 있다.

지금은 작은 회사를 경영하고 있지만 부자는 절대 아니다. 그러나 그의 계획에서 진실성이 느껴지는 것은 아내와 약속하며 이렇게 덧붙였기 때문이다.

"다만 여행 규모는 그때의 내 경제적인 능력에 따라서 달라지겠지만 말이오."

앞으로 크게 성공해서 호화유람선을 타고 세계 일주를 할 수 있을지, 아니면 저가 항공기를 타고 배낭여행을 가게 될지는 그때의 자신의 경제 사정에 따른다는 말이다.

그러나 필시 그는 자신이 있었기 때문에 이렇게 솔직하게 현실에 입각한 약속을 할 수 있었을 것이다. 그 말을 들은 아내는 꿈이 단순한 꿈이 아니라 일종의 목표처럼 느껴져서 그것이 삶의 의욕이 되기도 했을 것이다.

이런 구체적인 계획이 있으면 '총 네 번은 즐길 수 있다'고 나는 생각한다.

우선 첫째로 결혼 10주년이 되어 여행을 갈 때까지 수년 전부터 이런저런 조사를 하고, 생각하고, 상상하는 등의 여행 준비를 하며 즐길 수 있다.

두 번째로는 실제로 여행을 갔을 때 여행을 위해 이미 만반의 준비를 했기 때문에 여행의 출발부터 돌아올 때까지의 여정을 만족스럽게 즐길 수 있다.

세 번째로 여행에서 돌아온 뒤에는 여행을 하며 찍은 사진이나 비디오를 정리하고, 일가친척이나 주위 사람들에게 기념품을 나눠주면서 즐길 수 있다.

그리고 네 번째로 둘만의 추억이 생겨서 평생의 애깃거리로 즐길 수 있을 것이다.

이렇게 두 사람의 기념일은 그 미래 계획을 말하는 것에 의해 최대의 '아내 대책'이 된다. 또 그 계획을 차질 없이 실행시키면 아내에게 해주는 가장 큰 '감사의 표시'가 되기도 한다. 그리고 아내도 남편에게 감사의 마음을 갖게 되어 말뿐만이 아니라 일상에서의 행동으로도 나타나게 될 것이다.

저녁을 먹을지 안 먹을지
반드시 보고한다

언젠가 텔레비전 다큐멘터리 프로그램에 유니참의 선대 사장인 다카하라 게이이치로가 나온 적이 있다. 그 방송에서 다카하라가 아침에 집을 나서면서 아내에게 "오늘은 저녁을 먹고 올 거요."라고 말하는 장면이 있었다.

다카하라는 유니참이라는 여성용품업체를 일본 최대의 기업으로 키운 사람이다. 그런 사람이 부인이 식사를 만들어주는 것에까지 세심하게 신경을 쓰고 있는 모습이 매우 인상적이었다. 인품도 전혀 권위적이지 않고 온화한 사람이다.

그런데 이 아무렇지도 않은 듯한 한마디가 실은 아내에게는 매우 중요한 말이다. 나도 이것을 중요한 '아내 대책'의 한 방법으로 전부터 사용하면서 갑자기 밖에서 저녁식사 약속이 잡혔을 때와 같이 집에서 저녁식사를 하지 않게 되면 그 사실을 반드시 미리 아내에게 보고하고 있다.

우리 집 같은 경우는 집에서 저녁식사를 하지 않는 날은 미리 달력에 X표를 해두기로 약속되어 있다. 나보다 저녁 회식이 많고, 집에서 거의 식사를 하지 않는 남편이라면 반대로 집에서 먹는 날에 표시를 해두는 것도 좋은 방법이다.

그런데 이때 무엇보다도 중요한 것이 연락하는 타이밍이다. 평소처럼 집에서 저녁식사를 할 예정이 있는 날에는 당연히 아내는 저녁식사 준비를 한다. 그러므로 연락이 늦어서 식사 준비가 다 끝난 다음에 "먹고 들어간다."는 말을 들으면 아내로선 허탈하지 않을 수가 없다. 따라서 될 수 있는 한 빨리, 저녁 약속이 잡히자마자 바로 연락해야 한다.

저녁 약속이 늦게 잡히면 연락할 타이밍을 어쩔 수 없이 놓치고 마는 경우도 있지만, 그래도 아예 연락조차 하지 않고 한밤중에 술에 취해서 집에 들어와 "저녁은 먹고 왔어."라고 말하는 것보다는 훨씬 낫다.

그리고 연락은 간결할수록 좋다. 시시콜콜 이유는 말하지 않는다. 이유를 대려면 끝이 없고, 우리 집 같은 경우는 아내도 그것을 알고 있어서 "왜요?" 따위로 묻지 않는다.

개중에는 기어코 이유를 캐묻는 아내도 있는 모양인데, 밖에서 일하는 남자에게 있어서 이것만큼 번거로운 것도 없다. 간단한 연락이면 될 일을 반복하다 보면 처음엔 이유를 묻지만 나중엔 이유를 묻지 않게 되는 것이 일반적이다.

내가 이 룰을 강조하는 것은 집에서의 식사에 대한 아내의 의식이랄까, 역할의 자각에는 특별한 것이 있다고 생각하기 때문이다. 다른 것이야 어쨌든 가족에게 제대로 된 식사를 할 수 있게 해주는 것만은 그 어떤 것보다도 우선하는 자신의 책임이라고 생각하는 아내는 많다.

그리고 아내가 집에 혼자 있을 때는 생각 외로 간소한 식사를 하고 있다. 혼자 있으면 냉장고에 있는 남은 음식이나 간식만으로도 충분하다고 한다. 너무나 검소한 식사로 만족하고 있는 것이다.

그러나 남편과 함께 식사를 하게 되면 여러모로 신경을 쓴다. 그런 아내를 생각하면 애써 만든 요리를 앞에 두고 "먹고 왔어."라고 말하는 것은 참 잔인한 짓이다.

특히 우리 집에서는 아이가 분별력이 생길 무렵부터 아빠는 밖에서 일하는 사람이라는 이유로 가족 한 명당 좋아하는 반찬 한 가지를 놓고 식사를 하는 경우가 많았다. 이것은 자식 교육 겸 '아내의 남편 대책'이라고도 할 수 있는데, 남편의 '아내 대책'이 성공적이었기에 그런 보상을 받을 수 있었다고 자부하고 있다.

귀가하면 저녁 밥상이 차려져 있다. 이것을 당연하다고 생각하면 "고맙다."는 말은 나오지 않는다. 하지만 아내로서는 저녁식사를 준비하는 것이 꽤나 수고로운 일이다. 그것을 알아주는 마음이 중요하지 않을까? 특히 자식들이 분가해서 부부만 남게 되었을 때 남편만을 위해서 저녁식사를 준비하는 것은 매우 힘든 일이라고 생각해야 할 것이다.

남편이 밖에서 밥을 먹을 시간도 없이 집에 늦게 들어왔을 때도 아내가 "밥 차려줘요?"라고 물으면 "좋지. 고마워. 배가 너무 고팠어."라고 감사의 마음을 전한다. 그 말 한마디만으로도 조금이나마 아내에게 점수를 딸 수 있다.

불쾌한 기분을 집에 가지고 들어오면
아내에게도 전염된다

매일의 식사와 더불어 남편이 아내에게 '감사하다'고 생각하는 것 중 하나로 아내의 밝은 성격을 드는 남편이 많다. 그도 그럴 것이 피곤에 지쳐서 귀가한 남편에게 한술 더 떠서 잔뜩 짜증 난 표정을 짓고 있는 아내를 보면 불쾌해서 참을 수가 없다.

특히 맞벌이를 하는 경우 피곤한 것은 서로가 마찬가지일지도 모른다. 그러나 불쾌한 감정이 아내만의 책임은 아닐 것이다. 남편이 밖에서 짜증나는 일이 있어서 그 기분을 집에 가지고 들어오면 어떻게 될까?

인간의 '기분'이라는 것은 전염병처럼 감염되는 것이다. '기분氣分'을 한자로 풀어쓰면 '기를 나눈다'가 되어 자신의 기분을 타인에게 나눠주는 성질을 갖고 있다고 한다.

그러므로 남편이 불쾌해져 있으면 그 불쾌한 기분이 아내에게도 전염되고, 아내에게 전염된 불쾌함이 다시 남편에게 전염되어 더욱 불쾌해진다. 그 상승효과가 악순환을 낳는 것이다.

도대체 남자가 집에 돌아오는 이유가 무엇일까? 집안 공기가 바깥 공기와 같다면 굳이 만원 전철에 시달리면서까지 집에 돌아올 일이 없다.

본래는 바깥세상에서 짜증나는 일이 있었다고 해도 집은 또 다른 세상이므로 집에서만은 짜증나는 일을 잊을 수 있다. 그것이 바로 집이 존재하는 이유다. 바깥세상과 집 안 분위기가 다른 것에 집의 존재 가치가 있는 것이다.

따라서 바깥세상에서의 불쾌함을 집에 가지고 돌아오는 것은 집에 돌아오는 의미가 없다. 하물며 그 울분을 집에서 풀려고 아내에게 엉뚱하게 화풀이하는 것은 당치도 않은 일이다.

밖에서 가지고 온 불쾌함의 원인은 집에 돌아와서 엉뚱하게 화풀이를 했다고 해서 해결될 수 있는 문제가 아니다. 일하다 생긴 문제는 업무 현장에서, 바깥에서 생긴 문제는 바깥세상에서 땀을 흘려가며 해결할 수밖에 없다.

불쾌한 기분을 집에 가지고 돌아와서 아내에게까지 상처를 준다면 같이 망하자는 소리밖에 안 된다. 아내의 입장에서도 자기와는 아무 관계가 없는 일로 엉뚱하게 화풀이를 당하는 것은 황당하고 화가 나는 일이다.

남자라면 오기로라도 불쾌한 기분을 떨쳐버리고 밝게 행동해야 한다. 그러면 아내도 그 기분을 나누어 가져서 기분이 좋아진다. 그런 아내의 얼굴을 보고 남편도 밝은 척하던 기분이 정말로 밝아진다.

집에 가지고 돌아오는 것은 평소의 아내에 대한 사소한 감사의 마음으로서 아내가 좋아하는 초밥 도시락이나 간식거리, 그것도 아니면 선물에 버금가는 좋은 소식이어야 한다.

가정불화의 원인이 될 수도 있는 불쾌한 기분은 가지고 돌아와도 될 선물이 절대로 아니다. 그런 전염병균은 일부러 가지고 돌아오지 않아도 된다. 집으로 돌아오는 전철 안에서 불쾌한 기분을 잊어버리는 것이 가장 좋다.

고부간의 사이를 좋게 만들어주는
이케나미 쇼타로 방식

한 집에 자신의 어머니와 아내가 같이 사는 경우는 양쪽 모두 남자의 입장에서는 감사의 대상이다. 따라서 양쪽 다 소중하고, 어쩌다 이 둘이 싸우기라도 하면 중간에 낀 남편은 괴롭기 그지없다.

남자와 여자의 미묘한 사정을 꿰뚫고 있는 인생의 달인 이케나미 쇼타로는 앞에서도 예로 든《신판 남자의 작법》에서 이 문제에도 귀를 기울일 만한 대처법을 제시하고 있다.

이케나미의 어머니와 아내는 두 사람 다 성격이 만만치가 않았는지, 그는 이 두 사람에게 끌려다녀서는 안 되겠다는 것을 깨닫고 한 가지 계획을 세웠다. 즉 아내와 어머니에게 모두 냉정하게 대하기로 했던 것이다.

어머니만 나무라면 아내의 콧대가 높아져버리기 때문에 반드시 억지로라도 아내를 나무란다. 반대로 아내를 야단치면 이번엔 어머니가 조금은 득의양양해지므로 어머니에게도 동시에 안 좋은 소리를 한다.

그리고 "나갈 때는 둘이서 나가요." "둘 중 한 명만 나가지 말아요." 라고 두 사람 앞에서 선언했다. 이렇게 균형을 맞춰주자 얼마 안 있어 두 사람은 이케나미를 상대하는 '공동전선'을 구축하고 완전히 의기투합하게 되었다.

이케나미가 며칠 동안 여행을 다녀온다고 하면 두 사람은 크게 기뻐하며 달력에 표시를 해둘 정도였다. 그리고 이케나미가 없는 동안 희희낙락하게 함께 연극을 보러 가기도 하며 두 사람끼리 실컷 하고 싶은 대로 했다.

즉, 여기서 말하고자 하는 것은 절대로 어느 한쪽만을 편들어서는 안 된다는 것이다. 어머니의 편을 들면 아내의 기분이 나쁘다. 아내의 편을 들면 어머니의 기분이 상한다. 이것은 당연한 일이다.

남자들이 흔히 저지르는 일로 다툼의 자초지종을 듣고 "이건 당신이 잘못한 거야."라든가 "어머니가 어른답지 못했어요."라는 식으로 두 사람 앞에서 판결을 내리는 경우가 있는데, 이런 행동은 절대로 하지 않는 게 좋다. 고부간을 포함해서 인간관계에서는 옳고 그름을 가릴 수 없는 차원의 이야기가 많기 때문이다.

이케나미처럼 거짓으로 양쪽을 냉정하게 대한다는 것이 쉽지만은 않은 일이지만, 그가 하는 것처럼 잘할 자신이 없다면 굳이 냉정하게 대할 필요는 없다.

이때 할 수 있는 것은 지극히 객관적이고 냉정하게 처신하면서 자신의 의견을 말하지 않는 것이다. 아무것도 말하지 않는 것이 철칙이다. 그러면 "당신은 어떻게 생각해요?"라고 질문을 받을 수도 있다. 그래도 "음, 글쎄." 하고 넘어가야지 판결을 내리려는 마음을 먹어서는 안 된다.

만약 흘려듣기만 했다간 도저히 상대의 마음이 풀리지 않을 것 같은 상황에 처했다면 이케나미의 초급편과 같은 테크닉을 구사하여 상대를 험담하면 된다.

아내에게는 "어쩔 수 없잖아, 어머니는."이라고 말한다. 어머니에게는 "할 수 없죠, 저 사람이 좀 멍청하니까."라는 식으로 말하면 된다. 즉, "어머니는 고집이 세다." "아내는 멍청하니까." 따위로 각자에게 상대에 대한 험담을 해서 그 자리를 수습하고 나머지는 흘러가는 대로 맡겨두면 된다.

나중에 서로에게 들켜서 "너무해. 그런 말을 했단 말이에요?"라고 따지고 들면 "아니야, 내가 그런 말을 했다고?"라고 시치미를 떼면 그만이다.

'시끄러운' 이야기에
"시끄러워!"는 금물

부부는 어중간한 사이가 가장 좋다. '함께 있어도 되고, 따로 있어도 된다.' 그런 관계가 좋다. 그래서 내가 집에 돌아가도 아내는 밖에서 있었던 일을 꼬치꼬치 캐묻지 않고 나도 집에서 있었던 일을 세세한 것까지는 듣고 싶지 않다.

'아내 대책'은 '적당한 것'이 좋다는 장에서도 말했지만, 아내가 미주알고주알 낮에 있었던 일을 떠들기 시작하면 흘려듣기 비법을 사용한다.

이때 절대로 해서는 안 되는 일이 "시끄러워, 지금 난 피곤하단 말이야."라든가 "지금 책 읽고 있으니까 조용히 좀 해줘."라고 면박을 주는 것이다.

아무리 '시끄러운' 이야기라도 그 말에 "시끄러워!"라고 말하는 것은 금물이고, 그 말은 오히려 아내의 화만 돋울 뿐이다. 그러면 어떻게 해야 할까?

아내가 무슨 말을 하면 "아아, 그래?"라고 장단을 맞춘다. 가끔 "그래서?" "흠." 따위의 같은 대답을 반복한다. 요컨대 왼쪽 귀로 듣고 오른쪽 귀로 흘린다. 정면에서 반응하지 않고 왼쪽 귀로 듣고 오른쪽 귀로 흘린다는 것이 중요한 포인트다.

물론 아내로부터 "당신은 아까부터 계속 같은 대답밖에 할 줄 모르네요."라고 지적받는 경우도 있겠지만, 그렇다고 해서 달리 할 수 있는 방법이 없다. 어쨌든 이 흘려듣기는 가정에 풍파를 일으키지 않는 중요한 비법이다.

그래도 아내는 남편이 맞장구를 쳐주면 대부분 듣고 있다고 생각하고 계속 말한다. 따라서 여하튼 말할 수 있게 해주면 된다. 그것만으로도 쌓였던 울분이 발산되는 경우도 있다.

이런 상태로 계속되다가 그대로 마무리되면 좋지만 역시 아내가 "좀 더 성의 있게 들어봐요." 따위로 핀잔을 줄 때가 있다. 그래도 절대 '시끄럽다'는 말만은 해서는 안 된다.

나도 아내의 말을 들을 때 신문을 보면서 건성으로 대답하다가 아내에게 심하게 핀잔을 듣고 발끈해서 "시끄러워! 신문 보고 있잖아!"라고 반응한 적이 있다. 그때는 이튿날 하루 종일 아내와는 한마디도 할 수 없었다.

설령 신문에 집중하고 있어도 이런 상황에서는 '시끄럽다'고 하지 말고 맞장구치는 것에 약간의 변화를 준다. 가끔 "허어, 그랬군." "난 전혀 몰랐어!" "흐음, 그거 큰일이네."와 같은 말로 반응하면 된다. 물론 뭐가 큰일인지는 전혀 모르지만 그래도 "시끄러워!"보다는 훨씬 낫다.

"시끄러워!" 하고 한 마디 소리치는 순간 둘 사이에는 이미 서로에 대해 감사한 마음을 가지는 분위기 따위는 어디론가 사라지고 만다. "고마워."를 말할 수 없는 분위기를 굳이 솔선해서 만들 필요는 없다.

아내를 리스펙트하는
마음을 소중히 여긴다

'고맙다'는 말은 일상생활 속에서도 자연스럽게 입에서 나오는 것이 좋다. 준비하고 있다가 기회를 노려서 하는 말이 아니다. 마음속으로 생각만 하고 있으면 되는 것도 아니다.

그럼 어떻게 하면 자연스럽게, 시의적절할 때 입에서 나오게 할 수 있을까?

그것은 상대를 어떻게 생각하고 있느냐가 문제다.

나는 종종 '리스펙트respect'라는 말을 쓴다. '존경, 경의'로 해석할 수 있다. 그리고 내가 '리스펙트'라는 영어를 좋아해서 자주 쓰는 것은 '존경'이라는 말에는 대등한 관계에서 서로를 인정한다는 느낌이 없기 때문이다. 게다가 말이 무겁다.

존경이라는 것은 능력이나 재능, 인격 등이 뛰어나거나 훌륭한 사람을 높이 평가하고 있는 것을 표현하는 데 적합하다. 그러나 거기에는 자연스럽게 상하관계가 성립되어 있다.

그러나 리스펙트라고 말하면 '존경'의 경우처럼 상하관계를 구분 짓는 듯한 뉘앙스가 없다. 어느 한쪽이 밑에서 올려다보는 듯한 구도도 되지 않는다. 즉, 인간으로서 대등하게 서로를 인정한다는 느낌이 있다.

아내라는 것은 보기에 따라서 여자이고, 아내이고, 아이들에게는 어머니다. 몇 가지 속성을 갖고 있지만 결국에는 인간이다. 인간으로서 같이 살고 있는 이상 상대를 리스펙트하는 마음이 없으면 가정생활은 삐걱거리게 마련이다.

아내는 남편을 마음대로 조종한다는 말들을 종종 하는데, 이 또한 밑바탕에 아내의 남편에 대한 리스펙트가 깔려 있기에 가능한 일이다.

이처럼 가장 친근한 대인관계가 기본에 있으면서 가정의 행복과 불행을 좌우하고 있다. 따라서 남자는 아내에 대해 '참 잘해주고 있어.'라는 리스펙트의 마음을 가져야 한다.

나는 아내에게서 어정쩡하다거나 멋대로라는 등 여러 가지 말로 핀잔을 듣고 있다. 그러나 기본적으로는 아내를 아내 이전에 한 사람의 인간으로서 리스펙트하고 있다. 아내 외의 여성에 대해서도 마찬가지다.

그래서 취재차 여행을 가도 함께 가는 담당 남성 편집자에게 "이거 부인께 가져다 드리게."라고 말하며 지역 특산물을 사서 주곤 한다. 이 또한 '남편에게 여러모로 신세를 질 수 있는 것도 그의 아내의 노고 덕분이다.'라는 마음의 작은 감사 표시다.

나는 이것이 상대가 일을 잘할 수 있도록 내조해주는 아내분에 대한 리스펙트의 일부이고, 상대도 남편으로서 아내에게 다소나마 점수를 딸 수 있는 기회라고 생각한다.

물론 나도 아내에게 직접적으로 "리스펙트하고 있습니다." 따위로는 말하지 않지만, 그 마음이 자연스럽게 전해지는지 아내도 나를 인정해주고 있는 것 같다. 자신이 먼저 아내를 리스펙트하면 아내로부터도 리스펙트를 받게 되는 것이다.

아내의 말을 잘 따르는 남편일수록
자신이 하고 싶은 대로 할 수 있다

이 또한 남편 족의 현명한 '아내 대책' 가운데 하나다.

〈일본경제신문〉의 '남편의 변명, 아내의 변명'이라는 칼럼에 "요즘 대부분의 부부는 아내의 말에 따른다. 즉, 아내 주도로 움직이고 있다."라고 쓰여 있었다.

휴일에 가족끼리 여행을 갈 때, 아내는 바다로 가자고 하고 남편은 산으로 가자고 해도 결국 아내가 가고 싶다는 바다로 결정된다. 자동차와 같이 지출이 큰 물건을 구입할 때도 최종적으로는 아내의 의견에 따른다. 이처럼 아내의 말을 잘 따르는 남편이 점점 늘어나고 있는 것 같다.

다만 이처럼 얼핏 아내의 말을 잘 따르는 것처럼 보이는 남편도 억지로 아내의 말을 따르게 된 것인지, 기꺼이 아내의 말을 따르게 된 것인지로 남편의 실태가 상당 부분 달라진다.

만약 싫은 데도 어쩔 수 없이 아내의 말을 따르게 된 것이라면 이 것은 단순히 아내의 엉덩이에 깔린 '공처가'일 뿐이다. 그러나 기꺼이, 아니 오히려 자진해서 아내의 말을 따르게 되었다면 이런 남편은 두 종류의 타입으로 나눌 수 있다.

하나는 애초에 '아내에게 홀딱 빠진 남편'이다. 아내의 말을 잘 따르는 것에서 행복을 느끼는 타입이다. 뭐, 이것도 본인만 행복할 수 있다면 괜찮다.

문제는 또 다른 타입이다. 실은 이것이 현명한 '아내 대책'이다. 그들은 우선 평소부터 아내가 하고 싶은 것이나 가고 싶은 곳, 나름대로 흥미나 관심이 있는 것에 대해서는 아내의 의견에 따른다.

그러나 그들이 아내의 의견에 따르는 것을 자세히 들여다보면 실은 남편의 입장에서는 어떤 것이든 상관없는 경우가 적지 않다. 요컨대 어디로 놀러 갈지, 산인지 바다인지 따위가 자신에게는 아무렇든 상관없기 때문에 아내의 의견에 흔쾌히 따르고, 그럼으로써 평소에 아내로부터 점수를 듬뿍 받아둔다.

하지만 자신이 정말로 하고 싶은 것, 갖고 싶은 것이 있을 때는 이때다 하고 자신의 의견을 관철시켜서 하고 싶은 대로 한다.

평소에는 아내의 말에 고분고분 따르며 이른바 '말 잘 듣기 점수'를 차곡차곡 쌓아놓았기 때문에 어쩌다 남편이 자기가 하고 싶은 것을 말해도 순순히 받아들여진다. "친구가 같이 주말에 골프를 치러

가자고 하는데······." 따위로 멋대로 지껄여도, 마음대로 하고 싶은 것을 말해도 아내는 반대하지 않을 것이다. 평소에 말 잘 듣는 남편에게 만족하고 있을 것이기 때문이다. 또 '가끔은 좋아하는 걸 하게 해주자.'는 부담도 작용했을 것이다.

현명한 남편은 표면적으로는 아내에게 거의 순종하는 것처럼 행동한다. 그러나 자신이 꼭 해야겠다고 생각한 것만은 아내에게 양보하지 않는다. 평소의 순종적인 태도에 의해 남자가 양보할 수 없는 중요한 선택을 할 때는 아내의 동의를 얻기가 쉬워진다는 것이기도 하다.

남편이 기꺼이 아내의 말을 잘 듣는 남편이 되어 대부분의 상황에서 아내의 의사를 존중한다. 아내는 그런 남편의 행동으로부터 자신이 평소에 수고하는 것에 대해 남편이 자신에게 리스펙트나 감사의 마음을 품고 있다는 것을 느끼고 만족한다. 결과적으로 아내의 마음도 너그러워지고, 남편도 자신의 세계를 자유롭게 즐길 수 있다. 그야말로 일거양득. 이보다 좋은 것은 없다.

5

서로 몰라서
좋은 것도
있다

서로가
혼자만의 시간을 갖는다

요즘 젊은이들 사이에 '온 디멘드on-demand 결혼'이라는 것이 있는 모양이다. 부부가 서로의 일이나 생활 방식을 존중해서 '늘 같이 있지 않아도 필요할 때 만나면 된다.'고 적극적으로 별거를 선택하는 결혼 스타일이다.

이렇게까지 철저하게 구분 짓지 않아도 같은 사고방식을 응용할 수 있다.

예를 들면 작가 오키후 지노리코는《동실동상同室同床 · 이실이상異室異床》이라는 책에서 결혼하자마자 침실을 따로 쓰는 커플, 아이를 다 키우고 나서 침실을 따로 쓰고 싶어 하는 부부 등을 예로 들며 앞으로의 부부의 형태와 라이프스타일을 소개하고 있다.

오키후 자신은 샐러리맨인 남편과 '가정 내 별거', 즉 같은 집에서 살지만 각자 다른 방에서 자기 시작하면서 부부관계가 아주 쾌적해졌다고 한다. 이 또한 생활 사이클이 전혀 다른 두 사람이 억지로 상대방에게 시간을 맞추지 않고 혼자만의 시간을 가질 수 있게 되었기 때문이다.

서로가 자기만의 시간, 상대방이 모르는, 또 알 필요도 없는 시간을 갖고 서로 간섭하지 않는 생활을 하게 되면 오히려 서로를 배려하는 마음이 생기는 모양이다.

남편은 오키후가 늦게까지 원고를 쓰거나 책을 읽는 것을 알고 있었기 때문에 아침에는 가급적 조용히 일어나려고 한다. 그러나 그녀는 남편이 나가는 시간에는 꼭 일어나서 "잘 잤어요?" "다녀와요."라고 말한다고 한다.

물론 이 '가정 내 별거'에서 더 나아간 단계인 '시험 별거'와 '임시 별거'라는 스타일도 있다. 부부생활이 매너리즘에 빠져서 머릿속에 자기도 모르게 이혼을 떠올리게 되었다면, 우선 가까운 곳에 방 한 칸을 빌려서 '시험 별거'를 해본다. 물론 자식들의 집에 잠시 몸을 의탁할 수도 있다.

젊은 커플이 결혼하기 전에 미리 동거부터 해보는 패턴과 반대지만, 일종의 시뮬레이션이다. 젊은 커플은 함께 살 수 있을지 어떨지 '결혼 시뮬레이션'을 한다. 결혼한 지 오래된 부부는 헤어지는 게 나은지 어떤지 '이혼 시뮬레이션'을 한다.

별거하며 혼자만의 시간을 가지면 혼자 있는 것의 외로움과 불편함, 그리고 둘이 있을 때의 좋았던 것들이나 안심감을 재인식하는 것과 동시에 지금까지의 생활에 대한 반성도 하게 될 것이다. 서로 간섭하지 않게 되고, 각자의 영역이나 자신은 모르는 상대의 세계를 존중하는 방법도 깨달을지 모른다. 그것을 사무치도록 깨닫게 되었을 때 다시 같이 살 수 있으면 된다.

또 그렇게까지는 하지 않아도 아내가 "일주일 동안 여행을 다녀오고 싶다."고 말했다면 남편은 흔쾌히 보내준다. 그러면 자연스럽게 남편도 혼자만의 시간을 갖게 된다.

더불어 집에 남은 남편은 모든 일을 혼자 해야 한다는 어려움을 알고 아내에게 감사할 줄 아는 좋은 기회가 된다. 아내는 아내대로 늘 해오던 집안일에서 해방되어 날개를 펴고 재충전할 수 있고, 홀로 떠나온 여행에 미안함을 느끼고 여행지에서 남편에게 선물 하나라도 사서 돌아올 것이다.

서로가 상대의 '부재'로 인해 오히려 그 '존재'의 의미를 깨닫게 된다. 그것이 인간의 진리라는 것이다.

"튤립이 지니 줄기 하나가 하늘을 가리키노라."(사다히로 마모루)

이런 하이쿠俳句(5·7·5의 3구句 17음音으로 되는 단형單形 시 - 옮긴이)가 있다. 화려한 자태를 뽐내며 피어 있던 튤립이 졌다. 그러고 나니 줄기 하나가 허공을 가리키고 있을 뿐이다.

물론 꽃이 폈을 때는 "와, 예쁘다." 하고 감동했다. 넋을 잃고 보기도 했다. 그러나 조금 시간이 지나자 꽃이 피어 있는 것이 당연해진다. 감동도 옅어져서 별로 느낄 수 없게 된다.

하지만 이렇게 꽃이 지고 나서 하늘을 가리키는 줄기를 보고 있으면 그 줄기 끝에 피어 있던 꽃을 생각한다. 그리고 피어 있던 꽃의 아름다움이 더욱 그리워진다.

즉, '부재'가 오히려 '존재'를 더욱 의식케 한다. 부부관계에도 이와 비슷한 점이 있다. 어디론가 사라진다. 헤어져본다. 서로가 혼자만의 시간을 가짐으로써 서로의 존재에 대한 감사함을 깨닫는 경우가 적지 않다.

서로의 '비상금'은 알려고 하지 말고
확실히 모아둔다

서로가 모르는 세계, 모르는 게 나은 세계로서 매우 중요한 것이 '비상금'이다.

'비상금' 하면 왠지 나쁜 짓을 하려고 몰래 모아둔 돈이라는 이미지가 있을지도 모른다. 그러나 '비상금'이야말로 부부가 은밀히 자신만의 세계를 마련하기 위한 개인의 '아성'이다.

따라서 아내가 '비상금'을 모으고 있다는 눈치를 채도 타박하거나 간섭하려 들지 말고 모른 척 응원해주는 정도의 대응이 딱 좋다. 비상금을 쓰는 것은 아내의 개인적인 용도일지도 모르고, 가족을 위해서일지도 모른다. 목적이 정해져 있을 때도 있고, 그렇지 않을 때도 있을 것이다. 무슨 일이 일어날지 모르기 때문에 그 만일의 사태를 대비한 돈일 수도 있다.

집안에 만일의 사태가 일어났을 때를 대비한다는 의도가 있다면 '비상금'을 모으는 아내는 남편에겐 오히려 믿음직스런 존재다. 그러 므로 '비상금'을 모을 수 있는 아내가 그렇지 못한 아내보다 좋게 마련이다.

물론 아내뿐만이 아니라 남편도 '비상금'은 있는 것이 좋다. 단, 집 안 어딘가에 현금을 숨겨놓는 소위 '장롱예금' 같은 행위로는 아내 를 당해낼 재간이 없다. 남편의 입장에선 들키고 싶지 않은 게 당연 하지만 현명한 아내를 둔 남편이라면 비상금이 있다고 트집 잡힐 걱 정은 할 필요가 없을 것이다.

나는 종종 서랍에 현금을 넣어두는 경우가 있다. 아내는 아는지 모 르는지 그것에 대해 딱히 뭐라고 말한 적이 없다. 나도 아내의 비상 금에 대해 모른 척하고 있기 때문에 쌤쌤이라고 할 수 있을 것이다. 남편이 아내에게 준 생활비로 그럭저럭 살림을 꾸려갈 수 있다면 아 내가 비상금을 모으든 남편이 비상금을 모으든 상관없다고 생각하 는 것이 좋다.

어느 작가의 이야기다.

그는 작은 연구소를 운영하고 있었다. 그때까지 쌓아온 자신의 업 적을 정리하여 멋진 원고가 완성되었다. 그는 이 원고가 책으로 출 간되면 무조건 화제가 될 것이라고 확신하고 수십 개에 달하는 출판 사에 원고를 보냈지만, 좋은 답변은 들을 수 없었다.

자비 출판으로 출간해도 잘 팔릴 것이라고 100퍼센트 확신하고 있었지만 자금이 없었다. 그런 이야기를 아내에게 했다. 그러자 아내는 말했다.

"나한테 300만 엔 정도 비상금이 있어요. 무슨 일이 생길지 몰라 모아두었는데, 지금이 그 돈을 쓸 때 같네요."

그는 그 돈으로 책을 출간하여 자비 출판으로는 이례적인 성공을 거두었고, 그 후 몇 군데 대형 출판사의 의뢰를 받고 베스트셀러 작가가 되었다. 그리고 지금 그의 책은 미국에서도 번역되어 베스트셀러가 될 정도다.

만약 그의 아내가 비상금을 모아두지 않았다면, 그리고 그 비상금에 그가 트집을 잡거나 딴죽을 걸었다면 이 꿈같은 이야기는 있을 수 없었을 것이다.

'비상금'은 서로 확실히 모아두고, 또 그것에 대해서는 서로 알려고 하지 않는 것이 가장 좋다.

알려지고 싶지 않은 것,
들려주고 싶지 않은 것을 요령껏 말하는 방법

어느 부티크 점원의 말에 무척 감탄한 적이 있다.

중년의 여성이 아무리 봐도 너무 어려 보이는 옷을 사려고 거울 앞에서 이리저리 비춰보고 있었다. "이 옷 어때요?" 그녀의 물음에 그 점원은 "이 옷은 손님의 품격을 떨어뜨리는 옷 같습니다."라고 조언했다고 한다.

속으로는 '손님한테는 너무 어려 보이는 옷이에요.'라든가 '나이에 맞지 않습니다.'라고 말하고 싶었다. 그러나 그것을 꾹 누르고 손님의 나이는 모른 척하며 손님을 치켜세우는 말투로 말했다. 훌륭한 대응이다.

관공서 같은 곳에 가보면 민원인용 제출 서류를 쓰는 창구에 돋보기를 놔두고 '독서용 안경'이라고 쓰여 있는 곳이 있다. 이 또한 '돋

보기'라고 쓰여 있는 것보다 훨씬 보기에 좋지 않은가?

이러한 예도 '아내 대책'에 응용할 수 있다.

요컨대 "살이 너무 쪘어!"라든가 "나이에 좀 어울리는 옷을 입어요." 따위로 아내가 나름대로는 고민하고 있는 것을 콕 집어 말하지 말고, 예를 들면 "몸에 좋지 않으니까 너무 많이 먹지 않도록 조심하는 게 좋아."라든가 "좀 더 점잖아 보이는 옷이 어울릴 것 같은데."라고 말투를 바꿔보는 것이다. 그러면 아내도 순순히 귀를 기울여줄 것이다.

이처럼 그냥 보이는 대로 말하면 '발끈'할 수 있는 주의나 비난과 같은 말도 말투를 궁리하거나 조언과 같은 말로 바꾸면 아내의 기분을 상하게 하지 않을 수 있다.

"현명한 사람은 해야 할 말이 있기 때문에 말한다. 어리석은 사람은 말하지 않고는 견딜 수 없기 때문에 말한다."

이 말은 지금으로부터 2400년 쯤 전에 살았던 고대 그리스의 철학자 플라톤이 한 말이다.

'모른 척'하기 위해
서로의 금기는 빨리 알아둔다

부부 사이에서도 서로 몰라도 되는 것이 있는 반면 가능한 한 빨리 알아두는 게 좋은 것도 있다. 그것은 서로의 금기다.

서로의 금기라는 것은 앞에서도 말한 당사자의 신체적인 것, 상대의 가족과 관련된 것이다. 부부싸움은 대부분 이 두 가지 금기를 모르는 데서 비롯된다.

신체적인 금기는 체형과 얼굴 생김새처럼 이러쿵저러쿵 지적을 받아도 당사자로서는 어떻게 할 수 없는 것이다. 당사자에게 책임도 없다. 또 그런 단점을 신경 쓰느냐 그렇지 않느냐도 사람에 따라서 많은 차이가 있다. 자신의 단점을 신경 쓰고 있는 것처럼 보여도 무관심한 사람이 있거나, 신경 쓰지 않는 것처럼 보이는데 단점을 지적받으면 몹시 화를 내는 사람도 있다.

이런 신체적인 금기를 당사자가 얼마나 신경 쓰고 있느냐는 것은 사귀다가 어떤 한 순간에 문득 알게 된다. 당사자의 입에서 "그런 말을 듣는 게 제일 싫어."라고 솔직한 마음을 들을 수 있는 경우도 있다.

신체적인 금기보다도 민감한 문제는 상대의 가족이나 친척에 대한 금기일 것이다.

부부는 어쨌든 애초에 완전한 타인이 만나 맺어진 것인 만큼 상대의 가족과 관련된 금기를 건드리면 상대의 기분은 아무래도 나쁠 수밖에 없다. 상대가 자기 가족에 대해 부끄럽다고 생각하고 있는 것이나 민감하게 신경 쓰고 있는 부분을 건드리면 악의에서 나온 언행이 아니더라도 분위기가 나빠지는 경우가 적지 않다.

소위 가방끈이라고 학력과 같은 것도 그중 하나일 것이다. 이제 와서 새삼 어떻게 바꿀 방법이 없는 아내의 부친이나 형제의 학력을 자신의 부친이나 타인과 비교하는 것은 아내의 기분을 언짢게 할 뿐이다.

누구에게나 이 말만은 듣고 싶지 않다는 영역이 있다는 것을 미리 알아두는 게 좋다. 빨리 알면 빨리 알수록 그 지뢰를 밟지 않고 평화로운 집 안 분위기를 만들 수 있다.

상대의 금기는 같이 생활하다 보면 조금씩 알게 된다. "그 말을 했다간 끝이야."라는 금기를 하루 빨리 파악하고 이후로는 건드리지 않도록 조심한다. 즉, '모른 척'하는 것이 가장 좋다.

서로의 휴대폰에
서로의 행복은 없다

경우에 따라서는 '모른 척'하는 것보다 정말로 모르는 것이 둘 사이의 평화를 위해서는 좋을 때도 있다. 일기든 편지든 자기 것이 아니면 보지 않는 것이 가족 간에도 지켜야 할 에티켓이다. 그것은 휴대폰이나 스마트폰의 통신 이력이나 문자도 마찬가지다.

그런 의미에서 시마다 신스케가 말한 "남편의 휴대폰에 아내의 행복은 없다."는 것은 아무리 생각해도 명언이다.

내 휴대폰도 예외가 아니어서 아내에게는 별로 보여주고 싶지 않은 문자가 들어 있다. 아내는 휴대폰을 볼 줄 몰라서 볼 일이 없지만 혹여 안다고 해도 부부간의 에티켓으로서 열어보지는 않을 것이다.

1인 1대라는 휴대폰이나 스마트폰의 보급으로 특별히 용무가 없어도 전화를 하고, 문자를 보낸다. 커뮤니케이션은 넓고도 긴밀해졌다.

나쁠 것은 없지만 편리한 것은 좋은 일에만 쓰이지 않는다.

휴대폰이나 스마트폰의 보급률이 확대됨에 따라 남녀 모두 불륜이 증가하여 나한테도 불륜을 저지른 주부로부터의 상담 문자가 늘어나고 있다. 휴대폰의 내부는 그 소유주의 행동에서부터 마음속까지 볼 수 있는 마법의 거울이다.

그러므로 의심암귀에 사로잡혀서 휴대폰을 들여다보고 싶어지는 마음은 잘 안다. 그러나 상대의 편지나 일기 등을 들여다보고 싶다는 욕구에 사로잡혔을 때 그것을 정말로 실행에 옮길 텐가? 일반적인 상식을 갖고 있는 사람이라면 역시 봐서는 안 된다는 불문율에 따를 것이다. 휴대폰도 그런 편지나 일기와 같은 것이다.

따라서 나는 설령 부부 사이라 해도 당연히 지켜야 할 에티켓으로서 상대의 휴대폰을 들여다보는 짓만은 하지 말아야 한다고 말하고 싶다. 남편의 휴대폰에 아내의 행복은 없고, 아내의 휴대폰에도 남편의 행복은 없다.

휴대폰을 훔쳐보는 것은 그 사람의 마음속을 훔쳐보는 것이다. 자신이 보여주고 싶지 않다면 상대의 휴대폰도 보려고 해서는 안 된다. 다시 한 번 말하지만 휴대폰의 내용은 서로 몰라도 아무 상관이 없다.

놀다가 늦게 귀가해도 '미안하다'는 말 외에는 하지 않는다

앞에서 서로 혼자만의 시간을 가지라고 썼는데, 자신만의 시간을 사용하는 방법으로서 나는 남자든 여자든 노는 것이 좋다고 생각한다. 그 이유는 부부는 가깝지도 멀지도 않은 사이가 좋고, 서로 모르는 부분을 갖고 있는 것이 좋기 때문이다.

서로 뭔가 일을 갖고 있다, 취미가 있다, 비밀도 있다. 이처럼 서로 각자의 세계가 있는 것이 좋은 것이다.

좀 오래된 예이긴 하지만 패전 후 일본 재건에 공헌한 시라스 지로와 마사코 부부처럼 서로 일을 갖고 있으면 좋은 부부관계를 유지할 수 있다.

서로 상대방이 하고 싶은 것을 존중한다. 그리고 서로가 각자의 세

계나 비밀을 갖고 사는 것을 인정한다.

 '부부 사이에는 감추는 것이나 비밀이 있어서는 절대로 안 된다.' 고 착각하고 있는 사람들에게는 부부라 해도 각자의 프라이버시라는 것은 중요하다고 말해주고 싶다. 그 점에서 나는 무척 철저한 사람이다.

 예를 들면 신문 대금같이 집에 누군가가 돈을 받으러 왔다. 마침 아내는 주방에서 집안일을 하고 있었기 때문에 나 보고 "거기 지갑이 있으니까 당신이 꺼내서 줘요."라고 말할 때가 있다. 그러나 나는 절대로 아내의 말에 따르지 않는다. 대신 아내의 지갑을 주방까지 가지고 간다.

 이는 아내의 지갑이기 때문에 나는 절대로 손대지 않겠다고 생각하고 있기 때문이다. 지갑을 갖고 가서 "3,500엔이래, 여기."라고 말하며 지갑을 건넨다. 남의 지갑은 설령 아내의 지갑이라도 내 손으로는 절대 열지 않는다.

 이것은 휴대폰이나 스마트폰이든, 편지나 메일이든, 백화점에서 보낸 DM이든, 일기든 마찬가지라고 할 수 있다. 결국 상대의 개인적인 영역에 침입하지 않는다는 자세는 상대를 존중하는 것이라고 할 수 있다.

 따라서 남자가 자신의 개인적인 영역에서 일을 마치고 노는 것도 나쁜 것은 아니다. 나는 노는 것이 절대로 좋다고까지 생각한다. 그것을 아내에게도 인정받고 싶다.

내 친구 중에 귀가가 늦었다고 생각할 때는 문을 열자마자 "미안하다."고 말하는 사람이 있다. "다녀왔다."고 말하는 대신 "미안하다."고 말한다.

어차피 잔소리를 들을 바에는 미리 "미안하다."고 말하면 아내의 화를 진정시킬 수 있는 모양이다. "지금이 몇 신 줄 알아요?"라고 따지는 말도 미묘하게 톤이 낮아져 있다고 한다.

아내도 화가 나는 것은 어쩔 수 없지만 뭘 하고 있었는지 진심으로 남편의 개인적인 영역을 침범하려고는 하지 않을 것이다.

영화든 연극이든 혼자 가는 것이
좋은 자리를 잡을 수 있다

내가 아내의 프라이버시를 존중하고 있다는 것은 물론 나의 프라이버시를 존중받고 싶기 때문이다.

예를 들면 난 재즈나 플라멩코 기타 같은 음악을 좋아해서 종종 혼자 연주를 들으러 간다. 연주회뿐만 아니라 보고 싶은 영화나 연극 등도 다 혼자 보러 간다.

혼자 가면 좋은 점은 의외로 좋은 자리를 잡을 수 있다는 것이다. 사무실이 도쿄 시부야에 있어서 편리하기 때문에 오차드홀이나 코쿤을 이용할 때가 많다.

일반적으로 영화나 연극은 커플이나 두 사람이 보러 오는 경우가 많다. 그러면 군데군데 1인석이라는 자리가 비게 마련이다. 가장자리이지만 앞에서 다섯 번째 같은 의외로 좋은 자리를 잡을 수 있는 경우도 있다. 그런 좋은 자리를 쉽게 잡을 수 있는 것을 알기 때문인지 다른 사람과 같이 가는 것이 싫어졌다. 영화나 연극을 본다. 음악을 듣는다. 이런 것이 좋아서 가는데 다른 사람과 같이 가면 성가시다. 신경도 쓰인다. 결국 가는 것이 귀찮아진다.

아무도 신경 쓰지 않고 혼자 가서 듣고 싶은 음악, 보고 싶은 영화에 몰입하는 것이 좋다.

혼자 가는 것을 좋아하는 사람이라면 알고 있겠지만 극장의 2층 오른쪽과 1층 왼쪽에는 베란다석이 있다. 거기는 정말 좋은 자리라 특히 좋아한다. 음악회라면 무대와 가까운 곳에서 들을 수 있다. 설령 한가운데 자리라도 뒤쪽은 상당히 먼 느낌이 든다.

혼자서 관람한 적이 없는 사람에게는 꼭 한 번 혼자 가보라고 권하고 싶다. 예술을 깊이 있게 즐기는 방법 중 하나라 해도 과언이 아니다.

물론 부부가 같이 가도 되지만, 둘 중 어느 한 명이 흥미가 없으면 억지로 데리고 갈 필요는 없다. 상대의 취미나 취향을 존중하면 될 뿐이다.

레스토랑에서는
부부가 다른 것을 주문한다

아내의 취향을 존중하면 결국 남편에게도 득이 된다는 예로 레스토랑에서의 주문을 들 수 있다. 아내가 자신이 먹을 요리를 스스로 고르는 것은 당연하지만, 때로는 남편 것도 아내에게 맡겨보는 것이다.

이렇게 하면 아내의 기분을 좋게 만들어줄 수 있는 것과 더불어 자신도 새로운 맛을 발견할 수 있을지 모른다.

덧붙여 말하면 두 사람의 취향에만 맞춰 요리를 고를 것이 아니라 부부 모두 주문을 음식점 점원에게 일임하는 방법도 있다.

이런 주문 방법의 효용은 대인관계의 천재 나카무라 후미아키가 지은 《만남을 살릴 수 있으면 길이 활짝 열린다》라는 책을 통해 알았다.

부부가 평소와 같은 방법으로 주문하면 먹는 것이 한 가지 패턴으로 흐르게 되고, 부부간의 대화도 활기를 잃는다.

　그렇기 때문에 다가온 직원이나 종업원에게 부부가 모두 주문을 의뢰해서 새로운 분위기를 만들어보는 것이다. 그때 종업원에게는 그 사람이 개인적으로 이 식당에서 가장 좋아하는 메뉴를 추천해달라고 말한다.

　점장 같은 사람에게 물어보지 말고 어디까지나 '당신 개인이 좋아하는 것'을 추천해달라고 하면 종업원은 갑자기 긴장해서 메뉴를 생각하고, 싱글벙글 웃으면서 음식을 가져다준다. 이쪽에서도 어떤 음식이 나올지 기대하게 되고, 종업원도 "입에 맞습니까?" 따위로 다른 손님보다 더 신경을 쓰며 물으러 오곤 한다.

　이와 같은 요리의 '첫 체험 코스'와 함께 권하고 싶은 것은 부부가 아니고는 할 수 없는 주문 방법이다. 바로 부부가 서로 다른 요리를 주문하여 중간에 바꿔 먹는 것이다.

　종종 레스토랑에서 노부부가 똑같은 요리를 먹고 있는 모습을 본다. 그럴 때면 같은 돈을 내고 아깝게 왜 저럴까? 하고 남의 일이지만 안타까워진다.

　얼핏 의좋게 부부가 같은 것을 먹고 있는 것처럼 보일 수도 있지만, 이런 부부만 보면 유달리 식사가 즐거워 보이지 않는다. 무슨 수행이라도 하듯 묵묵히 자기 접시에만 매달려 같은 음식을 똑같이 먹고 있다.

그야말로 부부이니까 서로 요리를 교환하여 한 번에 두 종류의 음식을 먹는 즐거움을 맛보는 것은 어떨까? 더불어 이 방법을 통하면 아내의 취향을 자신의 혀로 새삼 체험하고, 자신과 다른 아내의 미각, 감각을 맛볼 수도 있다.

사소한 것 같지만 앞으로 죽을 때까지 몇 번을 함께할지 모르는 식사, 만찬의 기회를 부부 사이를 원만하게 하는 데 적극 활용해야 하지 않을까?

살림하는 남편이라는 길도 한 가지 가능성으로 열어둔다

남편 중에는 이미 취미의 수준을 넘어서서 요리, 빨래, 청소, 육아에 능숙한 남성이 늘어나고 있다. 또 밖에 나가 일하고 싶은 여성과 결혼하여 '전업주부 남편'으로 살겠다는 남자도 최근에는 현실성을 띠기 시작했다.

미국의 대형 식품 회사 캠벨수프의 CEO로 취임한 데니스 모리슨 여사는 "살림을 맡아준 남편의 존재가 없었다면 나는 커리어를 쌓을 수 없었다."고 남편을 칭송하여 사회적인 활동을 하는 여성을 외조하는 남편이라는 존재가 새삼 주목을 받았다.

야후의 CEO로 발탁된 마리사 메이어 여사도 임신 6개월일 때 CEO에 취임했다. 연봉 1억이 넘는 그녀를 남편은 기꺼이 외조해주었을 것이다.

중장년층 사람들에게 '전업주부 남편'이란 아내가 벌어다주는 돈으로 놀고먹는 남자라는 이미지가 강해서 저항감이 있다. 아무래도 무능한 남편으로 치부되는 듯한 기분이 들기 때문이다.

한편, 남자의 셔터맨 같은 생활이 자신의 이상이라고 공언하는 친구도 있다. 어느 길이나 쉬운 건 없지만 사람에겐 저마다 적합한 길이 있다. 능력 있는 아내를 밖으로 내보내고, 남편이 가정을 지키는 것이 적합하다면 그것도 인생이다.

어쨌든 남자의 좁은 소견으로 인해 능력 있는 여성이 자신의 능력을 제대로 발휘하지 못하는 것은 사회적으로나 그 가정의 입장에서나 안타까운 일이다. 앞으로는 여성의 사회 진출이 더욱 늘어날 것이다.

아내가 밖에 나가 일을 하고 있다면 부부가 집안일을 분담하는 것은 당연하다.

오히려 자기보다 출세할 가망이 더 보인다고 생각한다면 자진해서 아내를 외조하는 방향으로 돌아서는 것이 합리적일지도 모른다. 남편과 아내의 일이 바뀌는 것일 뿐 부부로서는 아무것도 바뀌는 것이 없다. 또 서로를 존중하고 있으면 아무 문제도 없다.

남자의 체면이나 자존심에 얽매여 있는 남자일수록 아내 위에 올라서서 권위적으로 구는 남편이 된다. 성공을 거머쥔 아내는 자신을 외조해준 남편에게 반드시 진심으로 감사할 것이다.

이 또한 명예로운 남편의 일이라고 이제부터는 사고방식을 바꾸는 것이 좋다.

아내에게 해줄 수 있는
가장 좋은 선물은 '시간'

마지막으로 부부가 서로 상대방의 시간이나 세계를 소중히 여긴다는 것의 한 도달점과 같은 에피소드를 소개하고자 한다. 최근 읽은 책에 실린 이야기다.

아내가 미는 휠체어를 타고 환자로 보이는 한 남자가 여행대리점에 나타났다. 그는 "꼭 혼자서 하와이의 바다로 지는 석양을 보러 가고 싶다."고 말했다. 얼마 전부터는 장애인이나 고령자라도 의사나 도우미와 동행하면 혼자서도 여행을 할 수 있게 되었다.

그의 아내는 "극구 반대했지만 말을 해도 듣질 않네요."라며 이미 체념한 표정이었다. 결국, 남자의 꿈이 이루어져서 그는 일주일간의 하와이 여행을 즐길 수 있었다.

그리고 마지막 날 이것으로 마지막이라는 듯 멍하니 석양을 바라

바라보던 휠체어의 남자가 가이드에게 의외의 말을 털어놓았다.

"이제 살날도 얼마 남지 않았지만 이 석양을 볼 수 있어서 정말 행복했습니다. 하지만 이번 여행에는 석양보다 훨씬 중요한 의미가 있었다오. 내가 그렇게 반대하는 아내를 놔두고 여행을 떠난 이유, 그것은 아내에게 일주일의 ○○를(을) 주고 싶었기 때문이죠."

이 책에서는 이렇게 남자의 말 중 가장 중요한 단어를 공백으로 처리하고 '감사' '포상' '휴가'라는 힌트를 들며 독자에게 스스로 생각해보도록 유도하고 있다. 물론 답은 '휴가'다. 자신의 부재가 아내에게는 가장 좋은 '휴가'가 된다고, 그 시간을 선물로 주었던 것이다.

이 여행 계획은 어쩌면 환자인 남자가 고집을 부려서 자기 멋대로 세운 것이라고도 해석할 수 있을 것이다. 여태 아내를 그렇게 고생시켜놓고 또 새로운 걱정거리를 만들어주었냐고 비난을 들을 수도 있다. 필시 자식들도 그런 말을 하며 그의 계획을 중지시키려고 했을 것이다.

아내는 지금까지 하고 싶은 것을 참고 그를 보살피는 데 최선을 다했고, 때로는 너무 열심히 해서 지쳐 쓰러진 적도 있었을 것이다. 고집쟁이 이 남자는 그런 아내에게 자신이 죽기 전에 하다못해 일주일만이라도 자신을 걱정하지 않고 자유롭게 쇼핑도 하고, 친구와 식사도 하는 '시간'을 선물하고 싶었던 것이리라.

게다가 여행 중에 그는 진짜 의도를 주위 사람들에게는 일체 흘리지 않았다. 아내에게 쓸데없이 마음의 부담을 지워주고 싶지 않았던 것이다.

《멋진 어른의 언어 체조》라는 책에서 유달리 인상 깊었던 이야기다.

아내가 자유롭게 쓸 수 있는 일주일의 휴가. 자기만이 할 수 있는 '시간 선물'은 아내에게 해줄 수 있는 가장 좋은 선물이었다고 생각한다. 연인이나 애인과는 달리 같이 있는 것이 부부라는 상식에서 보면 역설적이지만 각자의 시간에도 부부의 행복은 있다.

휠체어 신세를 지고 있는 환자가 아니더라도 세상의 남편들은 아내가 혼자 지낼 수 있는 시간을 선물로 주어야겠다는 생각을 가져야 한다.

그것이 이 에피소드처럼 남편들의 꿈을 실현할 수 있는 혼자만의 여행뿐만 아니라 아내와는 다른 자유로운 행동의 대의명분으로도 연결되기 때문이다. 그야말로 "누이 좋고 매부 좋다."는 말이 딱 맞는 경우다.

6

퇴직 후의
상사는
'아내'

'엄처시하'가
가장 좋은 아내 대책

가정 내에서의 부부의 역학관계는 그 부부가 사이좋게 지내는지 어떤지 알 수 있는 바로미터가 된다. 극단적인 것은 남편이 폭력적이어서 도메스틱 바이올렌스(DV)가 되곤 하는 패턴이다. 이것은 최악이다.

DV와 같은 폭력 사태로 이어지진 않아도 남편들은 왕왕 처자식을 부양하고 있는 것은 자신이라며 아내 위에 군림하려고 한다. 이른바 아내를 부하 취급하고 있는 것이다.

그러나 그들은 알고 있을까? 그런 취급을 받은 아내들은 화를 삭이며 은밀히 배신할 기회를 엿보고 있다는 것을.

특히 요즘엔 이혼한 경우에는 퇴직금이나 연금 등을 아내도 받을 권리를 갖게 되었다. 따라서 자식들이 독립했을 때, 혹은 남편이 정년퇴직했을 때와 같이 기한을 설정해놓고 차근차근 이혼 준비를 하고 있는 아내도 있다.

그런 사태를 미연에 방지하기 위해서라도 나는 집 안에서는 아내를 '상사'로 생각하라고 제안해왔다. 이것은 특히 남편의 퇴직 후, 즉 남편이 집에 있는 일이 많아지면 효과를 발휘하기 시작하는 교훈이다. 부부의 역학관계에서는 아내를 우선시한다. 현명한 남편이라면 아내에게 조금은 위세를 떨게 하여 강약 관계가 대등한 것처럼 보이게 한다.

역사적으로 봐도, 정계나 재계의 훌륭한 사람들을 봐도, '엄처시하'를 스스로 인정하는 남편은 많다.

역사상의 인물로는 야마노우치 가즈토요를 예로 들고 싶다. 시바 료타로의 《공명의 갈림길》은 야마노우치 가즈토요와 아내 지요를 주인공으로 한 작품인데, 야마노우치 가즈토요가 아내 덕에 출세하는 과정이 그려져 있다.

물론 소설이기 때문에 사실 여부는 확인할 길이 없지만 가부장적인 남편의 권위가 중시되던 중세라는 시대적인 배경 속에서도 서로의 마음속에는 부부를 대등하게 여기는 사고방식이 있었던 것은 아닐까 하고 추측할 수 있다. 그 덕에 부부가 협력하여 가즈토요가 출세할 수 있었을 것이다.

재계인 중에도 사람들로부터 존경을 받고, 만나면 긴장으로 몸이 떨릴 만큼 훌륭한 사람도 가정에서는 아내에게 쥐여 사는 사람이 적지 않다.

　세상에서 말하는 남편의 모습과 가정에서 보이는 남편의 모습이 다르다는 것은 아내만이 알고 있다. 그것은 충분히 상상할 수 있는 일이기에 아내에게는 위세를 떨 권리가 있다고 생각하는 것이다. 그 것이 우연히 자연스러운 형태로 '아내 대책'이 된 것이다.

　퇴직 전부터 이렇게 살아온 남편은 퇴직 후에도 당황하는 일이 없 다. 퇴직 전이나 후나 상사는 아내이기 때문이다.

아내의 모성본능을
잘 이용한다

역사상의 인물 중에서 공처가의 대표라 하면 뭐니 뭐니 해도 도요 토미 히데요시일 것이다. 히데요시의 아내 네네는 성姓도 없는 미천한 출신의 히데요시가 장차 크게 될 인물이라는 것을 일찌감치 알아보고 기꺼이 그와 결혼했다. 흔히 말하는 '조강지처'다. 그런데 젊었을 때 두 사람의 싸움은 아주 굉장했었던 모양이다.

드라마 등을 보면 네네는 히데요시와 싸우면 오다 노부나가에게 달려가 호소하고, 그녀의 호소를 들은 노부나가는 으레 히데요시를 불러 타이르는 모습이 그려진다. 어쩌면 노부나가는 히데요시보다 네네를 더 두둔하고 있었는지 그럴 때마다 히데요시를 꾸짖는 경우가 많았다.

도요토미 히데요시는 주지하는 바와 같이 여자를 무척 좋아했다.

측실이지만 안주인이나 다름없는 요도기미뿐만 아니라 죽은 다케다 모토아키의 아내였던 교고쿠 다쓰코 등 많은 여성을 거느리고 살았다.

이런 히데요시를 네네는 왜 용서했을까? 아마도 천성적으로 어리광을 잘 부리는 히데요시의 성격이 네네의 모성본능을 자극했기 때문이지 싶다.

히데요시는 천성적으로 어리광을 잘 부렸다. 그런 이유로 노부나가에게 '원숭이'라고 불리며 총애를 받았다. 게다가 사람의 마음을 녹이는 듯한 미소와 상대의 마음속으로 순식간에 파고들어가는 붙임성이 있었다.

이러한 성격을 이용하여 히데요시는 교묘하게 자신의 야심을 감추었고, 그것이 출세의 실마리가 되었다. 히데요시는 그런 자신의 성격을 아내 조종법에도 구사했던 것은 아닐까?

히데요시는 네네 앞에서는 그저 한 명의 아이였다. 가끔은 여자 문제까지 상담했을지도 모른다. 의식하고 있었는지 어땠는지는 모르지만 네네의 모성본능을 자극하는 기술을 터득하고 있었다면 납득할 수 있다.

그런데 세상의 남편들 중에는 아내를 지켜주고 싶다는 생각이 강한 사람이 있다. 그 때문인지 아내의 모성본능을 알아채지 못하는 것 같다. 그래서 아내에게 "잊어먹은 거 없어? 휴대폰은 가지고 있지? 지갑은? 술 좀 적당히 마셔." 등등 사소한 일로 잔소리를 들으면

"난 애가 아니니까 그렇게 잔소리 좀 하지마. 알았어. 시끄러워."라고 퉁명스럽게 대꾸하고 만다.

그러나 그것을 꾹 참고 "그래. 잘 챙겼으니까 걱정 마. 고마워."라고 고분고분하게 대답하면 별 수고를 들이지 않고도 아내와 원만한 관계를 유지할 수 있다.

즉, 아내의 '모성본능', 바꿔 말하면 '상사'인 아내가 부하를 돌봐주는 '상사본능'에 맞춰주는 대응을 하는 것이다.

바뀌어야 할 것은
아내가 아니라 남편

부부의 역학관계에 깨달음을 주는 교훈은 동서를 불문하고 수없이 많다.

"사랑하는 여자와 사는 비책은 상대를 바꾸려고 하지 않는 것이다. 그녀의 결점을 고치려고 하면 그것은 그녀의 행복을 빼앗는 것이다."

– 프랑스의 작가 샤르돈, 《에바》

"불행한 결혼생활은 서로 상대가 먼저 바뀌기를 요구하고, 상대의 잘못을 입에 올려서 말하고, 상대를 고치려고 하기 때문이다."

– 미국의 작가 스티븐 코비

인연으로 맺어진 부부가 함께 인생을 보내다 보면 다양한 변화가 일어난다. 그중에서도 큰 변화라 할 수 있는 것은 남편이 정년을 맞이했을 때다.

아내에게는 지금까지 낮엔 집에 없었던 남편이 매일 하루 종일 집에 있게 된 것이다. 게다가 남편은 현역 시절의 습관을 그대로 유지하고 있다. 지금까지 해왔던 대로 모든 집안일을 아내에게만 맡기려고 한다. 자신은 아무것도 하려고 하지 않는다.

또 아내가 외출이라도 하려고 하면 앞에서도 말했지만 "어디 가?" "누구랑 가는 거야?" "내 점심은 어떻게 하고?" 따위로 물어보고 싶어 한다.

그것은 지금까지 아내가 "당신, 오늘은 몇 시에 들어와요?" "어디 가서 누굴 만났어요?"라고 묻던 것과 매우 유사하다. 그러나 아내가 이런 것을 묻는 것은 '저녁밥을 지어야 하나 말아야 하나', 혹은 남편이 낮에 뭘 먹었는지에 따라 저녁 메뉴를 바꿔야 하는 경우를 생각했기 때문이기도 할 것이다.

그런데 남편이 아내에게 시시콜콜 묻고 싶어 하는 것은 '그럼 나는 어떡하고?'라는 자기 걱정에서 기인했을 뿐이고, "내가 퇴직하고 집에 있으니까 당신도 나한테 맞춰서 생활 패턴을 바꿔."라고 말하는 것과 마찬가지다.

그러나 생각해보면 생활 패턴이 바뀐 것은 남편 쪽이지 아내는 아니다. 퇴직 전이나 퇴직 후나 아내에겐 별반 달라진 것이 없다. 결혼했을 때부터 쭉 그저 아내일 뿐이다. 바뀔 일이 없지 않을까?

따라서 바뀌어야 하는 것은 생활 패턴에 변화가 없는 아내가 아니라 변화가 있었던 남편 쪽이다. 아내가 과거 아이를 낳고 어머니로 바뀌었을 때 생활 패턴도 바뀐 것을 떠올려보자. 그때 남편은 자신의 생활 패턴을 바꿨는가? 아마도 평소와 다름없이 회사를 다녔을 것이다.

즉, 자신의 신변에 변화가 일어났을 때는 변화가 일어난 사람이 바뀌어야 한다. 이것은 부부가 지켜야 할 대원칙이다. 남편이 바뀌어야 하는데 아내에게 바꾸라는 것은 어불성설이다.

정년 후에는 '집에 있는 시간'을 최소화하려고 노력한다

한 조사에 따르면 정년 후의 부부 중 남편의 60퍼센트가 '집에서 편안함을 느끼는 것은 아내와 함께 있을 때'라고 대답했다고 한다. 그에 비해 아내는 마찬가지로 60퍼센트가 '혼자 있을 때'라고 대답했다는 것이다.

게다가 절반에 가까운 아내는 남편과의 이혼을 생각한 적이 있다고 대답했다. 남편 중에선 아내와 이혼하고 싶다고 대답한 사람은 거의 없었다. 이것은 간과할 수 없는 결과다. 황혼 이혼의 증가가 이런 의식의 차이가 원인이라고 여겨지기 때문이다.

내가 '바뀌어야 할 것은 남편'이라고 말한 것도 옛날처럼 권위적인 남편은 더 이상 통하지 않는다는 것을 깨닫길 바라기 때문이다.

그러므로 정년 후에도 아내에게 미움을 사지 않으려면 집에 있는 시간을 최소화하는 것이 좋다. 이 말인즉슨 일상생활을 밖에서 일하던 때의 상태와 최대한 근접하게 만들라는 것이다.

특히 여름과 겨울에는 집에 있으면서 회사에서 일하던 때와 마찬가지로 냉난방 시설을 가동시켰다간 아내의 미움을 산다. 아내가 외출했을 때 혼자만을 위해서 냉난방 시설을 가동시키면 전기세 폭탄을 맞게 된다. 따라서 밖에 갈 만한 곳을 찾아둔다.

얼마 전부터 도서관이 중장년층 사람들로 북적이기 시작했다고 한다. 필시 나와 같은 생각을 하는 사람이 늘어났기 때문이리라. 도서관은 말할 것도 없이 지식의 보고다. 오랜 시간을 보내기에도 쾌적하다.

백화점도 냉난방 시설이 완비되어 있어서 도서관과 마찬가지로 쾌적하다. 그러나 엘리베이터 앞에서 하릴없이 앉아 있는 모습은 왠지 모르게 처량해 보인다. 불쌍한 생각까지 든다.

그렇다고 도서관에서 장시간 책을 읽고 있으면 눈도 머리도 지친다. 갈 만한 곳은 가능하면 많이 준비해두기를 권한다.

다행히 에너지 절약을 위해 최근엔 솔선해서 공공건물을 공개하기 시작한 지자체가 늘어나기 시작했다. 견학회 등을 기획하여 참가자를 모집하는 경우도 있다. 요금도 저렴하다. 이런 시설을 이용하지 않을 이유가 없다.

정년 후에는
'오늘 갈 곳'과 '오늘 할 일'이 중요

역시 집에 있는 시간을 가능한 한 최소한으로 줄이자는 이야기의
계속이다.

앞에서 소개한 다고 아키라는《100세가 되어도 두뇌를 건강하게
움직이는 습관》이라는 책에서 다음과 같이 재미있는 제안을 하고
있다. 이것은 그가 곧 100세를 맞이한다는 대선배에게 들었다는 이
야기다.

그 선배는 조만간 100세를 맞이한다는데도 무척 정정했다. 특히
머리의 유연함은 스스로도 유연하다고 자부하는 다고조차 상대가
되지 않을 정도라고 한다. 그에게 건강의 비결을 묻자 다음과 같은
대답이 돌아왔다.

"노망이 들지 않으려면 역시 교양敎養(일본어 발음으로 쿄우요우きょうよう)과

교육敎育(일본어 발음으로 쿄우이쿠きょういく)이 없어선 안 되지."

그 자리에 있던 대부분의 사람들은 과연 맞는 말이라고 생각했다. 그리고 자신은 교양도 있고 교육도 그런대로 받았으니 안심이라는 표정을 보인 사람도 있었다.

그러나 다고는 심리학자답게 그동안 수많은 사람들을 관찰하며 교양도 갖추고 교육도 제대로 받았지만 노망든 사람을 많이 보아왔다. 그래서 이것이 반드시 노망들지 않는 비결이라고는 할 수 없지 않느냐고 반론했다.

그러자 그 대선배는 이렇게 말했다고 한다.

"틀렸네. 그래서 자네들은 노망이 드는 게야. 쿄우요우라고 한 것은 교양이 아니라 '쿄우今日, 요우用', 즉 오늘 할 일이라는 의미이고, 쿄우이쿠라고 한 것은 교육이 아니라 '쿄우今日, 이쿠行く', 즉 오늘 갈 곳이라는 의미네. 오늘 할 일이 없고, 오늘 갈 곳이 없으면 노망이 들 수밖에 없을 게야."

들은 바에 따르면 다고는 '도쿄 아마추어 마술사 클럽'에 소속되어 회장을 역임한 적도 있다고 한다. 외국 여행 등을 할 때면 말이 필요 없는 마술은 상대와의 사이를 좋게 만들어주는 최적의 소도구가 된다고 한다.

또 호기심이 왕성해서 젊은이들이 모이는 장소에도 즐겨 나간다. 즉, 그는 '오늘 할 일'도 '오늘 갈 곳'도 충분히 갖고 있으면서 하루하루의 생활을 구가하며 즐기고 있다.

물론 다고는 앞의 책을 노망 방지의 일환으로 썼다. 그러나 내가 말하는 '아내 대책'에도 효율적인 대책이라고 생각하기에 인용해보았다.

자신에게 '오늘 할 일'과 '오늘 갈 곳'이 있으면 남편은 '나도 족'도 '젖은낙엽'도 '대형폐기물'도 되지 않는다. 아내가 어디 가는지 귀찮게 묻다가 아내에게 미움을 사는 일도 없을 것이다.

아내가 차려주는 세 끼 식사로부터 졸업하는 즐거움

정년퇴직 후에는 매일이다시피 오늘 갈 곳이 있고, 오늘 할 일이 있는 사람만 있는 것은 아닐 것이다. 그렇다면 집에 있어도 아내의 사랑을 받을 수 있는 방법은 없을까?

정년퇴직을 한 남편이 점심식사를 차리는 역할을 자진해서 맡았다는 이야기는 종종 듣는다. 이것도 남편의 생활의 변화다. 아내의 부담을 늘리지 않기 위한 수단이기도 하다. 따라서 '아내 대책'의 출발점이라고 할 수 있다.

그러나 이왕이면 본격적으로 저녁식사를 목표로 해보는 건 어떨까? 남자는 본질적으로 요리를 잘한다. 프랑스인 셰프도, 일식 요리사도 최근에는 여성도 있지만 남자가 압도적으로 많다.

나는 요리는 본질적으로 응용문제라고 생각한다. 냉장고에 있는 것이 요리 책에는 없는 재료라고 해도 잘 연구해서 만들어야 하기 때문이다. 오랫동안 집에서 음식을 해온 아내에게는 그렇게 하는 것이 쉽지 않을 것이다.

그러나 남자에게는 오랫동안 밖에서 일하며 쌓인 남자만의 감과 창의력이 있다. 의외로 아내에게 지지 않을 만큼의 응용력이 발휘될지도 모른다.

예를 들면 전에 프랑스 레스토랑에 갔을 때 은어 요리가 나왔다. 참 맛있는 요리였다. 본래 은어 하면 일본 요리에 쓰이는 것이 당연하다고 생각하는데, 이 은어를 프랑스 요리에 쓴다는 것은 그야말로 응용문제다. 거기에 필요한 것은 셰프의 창의적인 연구다.

참고로 말하면 프랑스 요리든 중화요리든 일본 요리든 한국 요리든, 요리를 하려면 무거운 식기를 가볍게 들어 올려서 자유자재로 다루어야 한다. 따라서 요리는 상당한 중노동이다.

그러니 "남자는 부엌에 들어오면 안 된다."는 옛날 어른들의 잘못된 말에는 신경 쓰지 말고 부엌에 들어가 보는 건 어떨까? 요리라는 것은 창의적인 연구를 필요로 하기 때문에 아주 재밌다.

게다가 요리는 눈으로 본다. 코로 냄새를 맡는다. 자르고, 튀기고, 삶을 때와 같이 요리할 때 나는 소리를 듣는다. 물론 혀로 맛을 본다. 음식물이 혀에 닿는 촉감을 느낀다. 깨물어서 식감을 즐긴다. 이렇게 요리를 하며 오감을 모두 사용한다. 인간의 모든 감각을 사용함으로써 노망 방지에도 도움이 된다.

최근 요리에 눈을 뜬 지인은 그중에서도 소리, 특히 식칼로 생선을 썰며 스윽 하고 느껴지는 야성적인 감각을 즐길 때의 쾌감이 너무나 좋아서 요리에 푹 빠져버렸다고 한다.

더불어 지금까지 아내에게만 맡겨두었던 요리를 시작하는 것은 남편이 아내에게 점수를 딸 수 있는 효과도 있다. 그는 아내가 수술을 받고 입원하는 바람에 어쩔 수 없이 요리를 시작한 경우였다. 그런데 막상 요리를 해보니 재미가 있어서 지금은 자기가 아내보다 요리를 하는 일이 많아졌다고 한다. 요리가 일에 싫증이 났을 때나 지쳤을 때의 좋은 쉼터가 되기도 하는 모양이다.

남편은 작가, 아내는 번역을 한다는 이 부부의 경우 때로는 아내가 일을 하고 있고, 남편이 요리를 하는 역전현상도 일어난다고 한다.

이것은 부부 모두에게 너무나 신선한 일이라고 생각한다. 즉 아내는 감사하고, 남편은 새로운 즐거움을 찾았으니 일석이조의 효과를 낳은 셈이다.

그는 지금 칼 명인으로부터 도쿄 니혼바시의 유명한 칼 매장으로 납품한다는 식칼과 회칼을 받고 더욱 요리에 열성적이 되었다.

결국 '오늘 갈 곳'이 없어도 '오늘 할 일을 만드는' 것은 가능하다. 요리도 그중 하나이고, 이것은 '아내 대책'으로서도 최상급 기술에 속한다.

이것이
아내의 지뢰를 밟는 언행이다!

특히 퇴직 후에는 '아내는 상사'를 주문처럼 외우고 있으면 '아내 대책'은 무난하게 할 수 있을 것이다. 그러나 결정적으로 단추를 잘못 채우는 일이 일어나는 경우도 있다.

아내가 불같이 화를 내며 말조차 섞지 않으려고 한다. 집을 나가버린다. 이혼까지 심각하게 고려하는 등, 남편의 언행이 원인이 되어 아내는 다양한 행동을 일으킨다.

아내에게는 그렇게 행동할 수밖에 없는 이유가 있겠지만, 남편의 입장에선 자신이 무엇을 잘못했는지 모르는 경우도 많다. 갑자기 지뢰를 밟은 듯한 느낌일 것이다.

그렇다면 아내의 지뢰가 되는 것은 무엇일까? 이것은 '케이스 바이 케이스'이고 아내에 따라 다르기 때문에 한마디로 단정 짓기는 매우 어렵다. 같은 말을 해도 말투에 따라 지뢰가 되는 경우도, 지뢰가 되지 않는 경우도 있다.

그래서 여기에서는 앞에서 말한 것도 포함해서 지뢰가 될 만한 언행을 정리해서 설명하고자 한다.

우선 아내의 신체적인 금기는 건드리지 않는 것이 좋다.

예를 들면 뚱뚱하다든가 말랐다든가, 늙어 보인다든가 주름이 늘었다는 것처럼 당사자로선 어떻게 할 방법이 없는 것을 말해서는 안 된다.

아내에게 "이젠 머리를 염색하는 걸 그만둘까 봐요."라는 말을 들은 남편이 아내의 머리를 찬찬히 들여다보며 "그보다도 머리숱이 너무 많이 빠지지 않았어?"라고 말해서 아내의 화를 샀다는 이야기를 들은 적이 있다. 그는 한동안 아내의 침묵에 시달려야 했다.

다음으로 다른 집 아내와의 비교도 하지 않는 것이 좋다. 아내에게 주의를 주는 것은 좋지만, "옆집 아주머니를 보고 좀 배워."라고 말했다면 이것은 상당한 파괴력을 지닌 지뢰가 된다.

여자는 비교당하는 것을 가장 싫어한다. "그럼, 그런 여자랑 같이 살든가."라고 되받아치고 아내는 집을 뛰쳐나갈지도 모른다.

또 무단 외박도 지뢰가 될 수 있으므로 주의가 필요하다. 외박은 한번 습관이 되면 오랫동안 반복된다. 자기도 모르는 사이에 언젠가 큰 지뢰가 될 가능성도 있다.

특히 외도가 원인이면 이혼에 이르는 경우도 있다. 앞에서도 말했듯이 내가 아무리 늦어도 '반드시 집에는 들어간다'는 룰을 나 자신에게 철저하게 적용시키고 있는 것도 그 때문이다.

또 금전적인 문제도 상당히 결정적인 지뢰가 된다. 아내 몰래 월급을 유용하는 짓 따위는 최악일 것이다.

게다가 이런 경우는 여자 문제라든가 도박과 같이 아내 족이 가장 싫어하는 것과 연관되어 있는 일이 많다. 음주와 도박, 여자를 사는 행위는 옛날부터 3대 금기다. 가정 붕괴의 주범이라고 할 수 있는 대형 지뢰다.

이상과 같은 언행 등이 아내의 지뢰가 될 수 있다. 여기서도 '아내는 상사'라고 주문처럼 외우도록 한다.

때로는 아내와
진지하게 인생 이야기를 나눠본다

어느 회사 경영자가 독특한 부부관계를 이야기해주었다.

그는 대형 증권회사를 그만두고 IT 회사와 벤처캐피탈 회사를 시작했다. 새로운 네트워크와 관련된 유통 혁명도 계획하며 정말이지 정력적으로 활동하고 있다.

그런 그의 아내관을 들어보았다. 자신의 인생에 있어서 이제는 아내를 빼놓고는 생각할 수 없다고 할 정도로 그는 아내에게 푹 빠져 있었다.

그런데 그럼 아내 대책은 어떻게 하느냐고 묻자 "응?" 하고 의아한 표정을 짓는 것이었다. 그러고는 그런 것은 한 번도 의식한 적이 없다고 한다. 선물도 준 적이 없다. 여행을 데리고 간 적도 없다. 그런 식으로 아내에게 지극 정성을 들인 적이 없다.

그의 인생에서 사업은 어떤 의미에서는 롤러코스터와 같았다. 자산이 수십, 수백억에 이르는 시기도 있었는가 하면 땡전 한 푼 없는 빈털터리로 야반도주하듯 이사를 간 적도 있다.

그러나 아내는 그처럼 격변하는 상황에서도 흔들리지 않았다. 그에게 들어보니 그녀는 소위 '백치미'로 사소한 것들에 일일이 반응하지 않는 타입일지도 모른다.

그 때문인지는 모르지만 두 아이를 키우기에도 바쁜데 그녀는 한 번도 남편에게 불평하거나 불만을 나타낸 적이 없다고 한다. 다만 "그러고 보니……."라며 꺼낸 말이 다음과 같은 것이었다.

이따금, 정말로 1년에 몇 번 안 되지만, 아내와 진지하게 이야기를 할 때가 있다고 한다. 차로 아내가 데려다 주는 동안의 한 시간 정도일 때도 있고, 문득 생각이 나서 집에서 이야기하기도 한다.

내가 하는 일이 지금 이렇다. 하지만 이렇게 하려고 한다. 어떻게 할까? 당신과 아이들도 있고, 의견을 듣고 싶다. 우리들의 인생이란 무엇일까? 결국 인간으로서 어떻게 되는 것이 가장 좋을까?

아이들도 자신은 제대로 돌볼 수 없다. 하지만 두 아이에게도 뭔가 잘하는 것이 있을 테니 그것을 키워주고 싶다. 그런 다음 스스로 생각할 수 있는 인간이 되길 바란다.

이런 이야기들을 이따금 아내와 진지하게 나눌 때가 있다고 한다.

다른 부부에겐 별로 볼 수 없는 모습이라면 필시 자신은 그녀와 평소 별로 가깝지 않다, 즉 남들에게 자랑할 정도로 친하지 않다, 그 만큼 거리가 있기 때문에 말할 수 있는 것이리라. 그리고 이 말이 맞는지 안 맞는지는 모르지만 그녀를 존경하고 있다, 리스펙트하고 있다고 그는 말한다.

그는 그녀의 어떤 점을 리스펙트하고 있을까? 그것은 그녀의 능력이나 성격이 좋다는 것과는 다르다. 자신의 아내가 되어서 자신이 믿는 생활 방식에 불평도 하지 않고 따라와 준 아내다. 그런 그녀의 당당한 생활 방식, 인생관에 감동해서 리스펙트하고 있는 것이다. 그렇게 그는 말했다.

그의 아내는 필시 이따금 남편과 나누는 이런 진지한 대화를 통해 남편의 모든 것을 알고 있었지 싶다. 그는 그만큼 의식하지는 못한 듯하지만 아내는 이 대화에 의해 자신이 남편에게 충분히 인정받고, 존중받고, 그리고 많은 것을 믿고 맡길 수 있을 정도로 신뢰받고 있다는 것을 확실하게 이해한 것이 틀림없다.

아내도 한 사람의 인간이다. 이것이 부부의 가장 기본이 되는 것이라면 인간으로서 서로 인정해주는 이 부부의 진지한 대화에서 우리는 많은 것을 배울 수 있다.

평소 가깝지도 멀지도 않은, 그저 무덤덤하게 지내는 부부라면 가끔씩 나누는 진지한 대화로 마음의 거리를 확 좁힐 수 있다. 그리고 또 거리를 두고 각자가 해야 할 일에 몰두해도 아무 문제가 일어나지 않을 것이다.

자기 아내를 '부원병'에
걸리게 하지 않는가

최근 '부원병^{夫源病}'이라는 단어를 보았다. 글자 그대로 '남편이 원인이 되는 병'이다. 한때 '모원병^{母原病}'이라는 단어가 화제가 되어 어머니들의 양육에 관한 책임이 문제시된 적이 있다.

이것과 마찬가지로 남편들의 언행이 아내가 병에 걸리는 원인이 된다면 이것은 중대한 문제다. 남편 족은 책임을 자각하고 잘못된 것을 바로잡아야 할 것이다.

이 문제를 제기하며 '부원병'이라고 명명한 주인공은 오사카 대학 대학원 의학계 연구과 준교수 이시쿠라 후미노부다.

이시쿠라는 '남성 갱년기 외래'를 담당하며 남편의 병을 치료하기 위해 부부를 카운슬링할 때 아내 역시 심각한 심신불안으로 고민하고 있다는 것을 알았다. 그래서 그런 증상을 '부원병'이라 명명하고 아내도 함께 치료하기 시작했다고 한다.

그의 저서 《아내가 걸리는 병의 90퍼센트는 남편이 만든다》에 의하면 남편의 평소 언행이 아내에게는 큰 스트레스가 된다고 한다.

우선 이시쿠라는 남편에게 다음과 같은 언행은 하지 않느냐고 묻는다.

∨ "이걸 누구 보고 먹으라는 거야?"가 입버릇

∨ 몸살로 누워 있는데 "밥은 어떻게 됐어?"라며 닦달한다

∨ 자녀의 나쁜 면은 모두 '당신 탓'

∨ 오늘 있었던 일을 말해줘도 듣는 둥 마는 둥

∨ 자기는 밤에 놀러가면서 아내에게는 허락하지 않는다

∨ 정년퇴직한 순간 스물네 시간 옆에서 떨어질 줄 모른다

이러한 것들이 원인이 되어 아내는 두통이나 어지러움, 우울 상태, 초조함 등 갱년기 장애와 같은 증상이 일어나서 악화되어 간다는 것이다.

이런 증상에 빠지지 않기 위해서 이시쿠라는 일상생활 속에서 의외로 깨닫지 못하는 징후를 가지고 10가지 항목으로 '부원병'의 위험도 체크리스트를 만들었다. 그것을 부인들에게 체크하게 하여 부원병 여부를 진단한다고 한다.

아내 대책에도 많은 부분 참고가 될 것 같아 책을 꼭 읽어보라고

권하고 싶지만 우선은 그 위험도 리스트 중 몇 가지를 소개해본다.

    ∨ 집안일에는 손가락 하나 까딱하지 않지만 말은 한다

    ∨ '고맙다' '미안하다'는 말을 거의 하지 않는다

    ∨ 일과 관계되는 것 말고는 친구나 취미가 적다

    ∨ 아내가 혼자 외출하는 것을 싫어한다

    ∨ 집안일을 돕거나 아이를 잘 돌본다고 자랑하는, 자칭 '좋은 남편'

내가 지금까지 말한 것들과 겹치는 부분이 많지만 의외인 것도 있다.

예를 들면 집안일을 돕거나 아이를 잘 돌본다고 자랑하는 것 등은 얼핏 아내가 좋아할 것 같지만 필시 '해주고 있다.'는 남편의 의식이 오히려 아내에게 부담이 되어 아내의 페이스에 혼란을 줄 수도 있다. 즉, 아내에게 스트레스를 주고 있다고는 꿈에도 생각하지 못하는 것이 문제다.

이런 문제제기를 참고로 하여 아내를 '부원병'에 걸리게 하지 않았는지, 병까지는 아니더라도 생각지도 못한 스트레스의 원인을 만들고 있지는 않은지 자신을 돌아보는 것도 부부관계를 호전시키는 좋은 기회가 될 것이다.

7

죽을 때
아내를
칭찬해봐야
아무 소용이
없다

죽을 때 아내를 칭찬해봐야
아무 소용이 없다

남편 "당신 참 고생 많았소."

아내 "아니에요. 고생이라고는 생각하지 않았어요."

남편 "미안해요. 오랫동안 고마웠어요. 당신 덕분에 참으로 멋진
　　 인생이었구려."

아내 "행복해요. 결혼하고 처음이네요. 당신한테 고맙다는 말을 다
　　 듣고……."

남편 (축 늘어지며 숨을 거둔다.)

아내 "여보!"

아내는 흐느껴 울며 쓰러진다.

텔레비전 드라마에서 종종 보는 임종 장면이다.

나는 이런 장면을 볼 때마다 쓴웃음이 나와 참을 수가 없다. 우선은 임종을 앞두고, 게다가 숨이 곧 멎을 것 같은 상태에서 일반적으로는 이런 말을 할 수 있을 리가 없다. 그리고 설령 한다 해도 곧 죽을 사람이 어쩌자는 말인지 혜살을 놓고 싶어지는 것이다.

나 또한 아내에게 말해봐야 그런 말은 건강하게 살아 있을 때 해달라고 할 테고, 필시 기뻐하지는 않을 것이다. 텔레비전을 보고 나와 함께 웃고 있는 것을 보면 내 짐작은 틀림없다. 다른 아내들도 공감하지 않을까?

물론 감사의 말이 전혀 없는 것보다는 좋아할지 모르고, 조금은 기쁘다는 생각도 있을지 모른다. 그러나 그보다도 앞으로 혼자 살아갈 것에 대한 대책을 말해주었으면 하는 게 보통의 아내들이라면 솔직한 심정일 것이다.

또 실컷 고생을 시켜놓고 이제 와서 무슨 소리냐고 생각할 것이고, 반대로 좀 더 빨리 말해주었으면 더 다정하게 대해주었을 텐데 하고 후회가 남을 수도 있다.

그러니까 중요한 것은 평소에 감사하고 있다는 것을 전하는 것이다. 그것도 결혼기념일이라든가 생일처럼 특별한 날을 정해놓고 말하는 것보다 "마음을 먹었으면 바로 시작하는 것이 좋다."는 말처럼 부부가 모두 건강할 때, 눈도 귀도 서로가 어두워지기 전에 생각날 때마다 수시로 하는 것이 좋다.

기념일에는 물론 그런 말을 하는 게 당연하지만 반대로 그렇게 하겠다고 정해놓으면 혹시나 까먹었을 때 괜히 죄를 지은 것 같은 마음마저 든다.

　요컨대 그런 세리모니라든가 기념일 등에 얽매이지 않고 서로 건강할 때, 언제든 '아아, 고맙구나.'라고 생각했을 때 그 생각을 말로 솔직하게 표현하면 된다. 그러는 편이 아내를 존중하고 있다는 마음을 잘 전할 수 있고, 아내도 기뻐할 것이다.

유언은 필요 없지만
돈에 관련된 것은 기록해둔다

임종 이야기가 나온 김에 하는 말인데, 최근엔 연명 치료를 원하지 않는 사람이 점점 늘어나고 있다. 죽음이 앞당겨져도 좋으니까 고통을 줄이기 위해 모르핀을 사용하고 싶다는 사람도 있다고 한다.

나 자신도 무슨 일이 있어도 연명치료는 거부할 생각이다. 설령 그로 인해 죽음이 수개월 앞당겨진다고 해도 아무 문제가 없다고 생각한다.

그러나 개중에는 "아직 할 일이 남았어." "저걸 해놓지 않으면 죽을 수가 없어."라고 말하며 살려달라고 매달리는 사람도 있는 모양이다.

그럼, 마지막 순간에 이르러 살려고 발버둥치지 않으려면 어떻게 해야 될까?

바로 언제 죽어도 상관없을 정도로 지금 하고 싶은 일은 지금 해두면 된다. 난 지금까지도 그렇게 해왔고, 앞으로도 그럴 생각이기 때문에 언제 죽어도 만족할 수 있다.

실제로는 내가 죽은 후에 가족이 곤란하지 않도록 충분한 배려를 해두지는 못했지만 단 하나 은행의 통장 비밀번호를 적은 메모만은 남겨두었다. 독자 여러분도 아시는지 모르겠지만 일본에서는 예금자가 죽으면 은행은 죽은 사람의 예금을 압류해버린다.

물론 제삼자에게 넘어가지 않게 하려는 배려임에는 틀림없지만 가족이라 하더라도 인출할 수 없게 되기 때문에 우려스러운 것이다. 은행 소유가 되어버리는 경우조차 있다는 말도 들었다.

예를 들어 서로 비밀로 하는 비상금을 통장이 있는 것조차 몰랐다면 암암리에 은행 금고에 들어가게 될 것이다. 그렇게까지는 되지 않더라도 가족인 것을 증명하고 실제로 예금을 찾을 때까지는 많은 수고와 시간이 필요할 것이다.

그 외에도 대여금고를 빌린 경우나 비상금 대신 귀금속 등을 갖고 있는 경우처럼 재물과 관련된 것만은 알 수 있도록 해두는 것이 좋다.

그런 의미에서 요즘 유행하는 엔딩노트도 나에게는 전혀 필요 없는 것이라고 생각한다. 이것을 종활終活(임종을 준비하는 모든 활동-옮긴이)이라고 하는 모양인데, '혼활婚活(결혼을 준비하는 모든 활동-옮긴이)' '취활就活(취업을 준비하는 모든 활동-옮긴이)' 등 '○활'이라는 것은 대개의 경우 그것을 기획한 사람이 이익을 보려고 고안한 것이라고 생각하면 된다.

그리고 또 하나 이것은 사후의 일은 아니지만 재산을 되도록 유리한 형태로 남기기 위한 방책도 알아두는 것이 좋다.

어차피 유산으로 남길 것이라면 부동산을 구입하여 살아 있을 때 증여하면 좋을 것이다. 손자의 교육자금으로 해두면 세금이 붙지 않는다는 말도 들었다. 여러 가지가 있으니까 미리 조사해둘 가치는 있다고 생각한다. 그러니까 증여세, 상속세 등의 지식은 확실하게 갖추고 있는 것이 중요하다.

여담이지만 생전증여의 좋은 점은 살아 있을 때 감사의 말을 들을 수 있다는 것이다. 이것은 지인의 시어머니 이야기인데 생전에 늘 "죽고 나서 유산을 남겨주었다고 고맙다는 말을 수십 번 해봐야 무슨 소용이냐, 들을 수가 없는데……. 그보다도 살아 있을 때 고맙다는 말을 듣고 싶구나."라고 말하며 돈이든 옷이든 다 나누어주었다. 그 할머니가 죽은 후 남은 것은 최소한의 평상복과 자신의 장례비뿐이었다고 한다.

그렇게까지 할 수 있을지 어떨지는 모르지만, 조금은 부러운 인생이었다.

부부간에 무엇을 남기고
무엇을 남기지 않을지 대화를 나눈다

앞에서 소개한 할머니는 사후 세계를 전혀 믿지 않는 사람이었다고 한다. "인간이 죽는 것과 개, 고양이나 벌레가 죽는 것은 다를 게 없다."고도 말했다고 한다.

그 점에서도 나는 공감한다. '사람은 죽으면 쓰레기가 된다.'고 생각하고 있기 때문이다. 나의 사후를 생각하고, 남겨진 사람에게 무엇을 남길지를 생각했을 때도 머리를 스친 것은 이 말이다.

일반적으로는 무엇을 남길지 생각했을 때 '이것은 아내, 이것은 아들에게, 저것은 딸에게.'와 같이 물질적인 유산의 분배를 생각할 것이다. 나도 물론 무심코 그런 것을 생각했다. 아내나 아들이나 딸이 내가 물려준 것들을 쓰고 있는 모습을 떠올렸던 것이다.

그러면 돈 외에 남길 수 있는 것이 있을까? 희한하게도 인간은 남기면 성가신 것들만 남긴다.

예를 들면 책이다. 아들이 책을 즐겨 읽는 사람이 아니면, 혹은 좋아하는 책의 장르가 다르다면 아들에게 책은 성가신 것밖에는 되지 않는다. 옷도 취향이나 사이즈가 맞지 않으면 쓰레기만 될 뿐이다.

즉, 인간은 죽어서 쓰레기가 되고, 방대한 양의 쓰레기를 남길 뿐이다.

만약 남길 수 있는 것이 있다면 그것은 정신일 것이다. '이렇게 생각하는 게 좋다.'라든가 '이런 사고방식은 이상하다.'와 같은 사고방식이다.

인생을 길게 살아온 자로서의 교훈, 사람으로서 사는 길이라든가 포인트, 인간관계 등 자신의 경험으로부터 배울 수 있었던 것은 가르쳐주고 싶다고 생각하는 것이다. 결국 남길 수 있는 것은 그것밖에 없지 않을까?

죽어가는 인간이 살아 있는 인간에게는
지시를 하지 않는다

사후에 남길 수 있는 것이 무엇일지 따위를 생각하고 있으면 당연하다는 듯 나의 장례식 모습을 상상하게 된다.

경조사도 딸이나 아들이 어렸을 때는 결혼식이 많았지만, 나이를 먹음에 따라 장례식에 갈 일이 많아져서 어쩔 수 없이 그런 생각을 하게 된다.

부모부터 시작해서 형제, 동급생, 사회에서 만난 선배 등, 그야말로 빗살이 빠지는 것처럼 주위에서 사람들이 하나둘 여행을 떠난다. 서글픈 일이지만 그 또한 숙명이라고 체념할 수밖에 없다.

이처럼 친한 사람의 장례식에 참석하여 마지막 인사를 전하는 것이 서툴다는 사람이 의외로 많은 것 같다.

그 이유는 생전의 건강한 모습은 온데간데없고 창백한 얼굴로 누위 있는 모습을 차마 볼 수가 없어서일 것이다.

그래서 자신의 죽은 얼굴을 많은 사람들에게 보여주고 싶지 않다는 이유로 가족장으로 해달라는 말을 남기는 사람이 있다. 혹은 수목장으로 한다든가 뼈는 바다에 뿌려달라고 유서에 쓰는 사람도 있는 모양이다.

그러나 나는 죽어가는 사람은 남은 사람에게 이런저런 주문을 해서는 안 된다고 생각한다.

왜냐하면 장례식이라는 것은 남겨진 사람들의 세리모니이기 때문이다. 본인은 죽어버렸다. 그러므로 어떤 형식의 장례식이든 남겨진 사람이 하고 싶은 대로 할 수 있도록 온전히 맡겨두는 것이 가장 좋다.

그래서 속으로는 자신의 사후를 생각하거나, 유서를 쓸 시간이 없을 정도로 눈 깜짝할 사이에 죽어버리면 좋겠다고 생각하는 사람도 있다. 하지만 그런 행운을 누리는 경우는 극히 드물다.

그렇기 때문에 '죽어가는 사람은 살아 있는 사람에게 지시를 내려서는 안 된다.'는 것을 평소부터 늘 머릿속에 새기고 있기를 권하는 바다. 자신이 죽은 후에 아내가 어떻게 하든 그것은 아내의 재량이다. 아내에게 모든 것을 맡겨야 한다.

난 사후 세계는 믿지 않는다. 평소에도 "사람은 죽으면 쓰레기가 된다."고 말해왔는데, 록히드 사건을 재판한 전 검사총장 이토 시게키는 "종교는 믿지 않는다."고 말하며 실제로 《사람은 죽으면 쓰레기가 된다》는 책을 냈다.

　나도 전적으로 동감하는 말이다. 즉, 쓰레기가 될 몸이 살아 있는 사람에게 이러쿵저러쿵 지시를 내리는 것은 시건방진 짓이라는 말이다.

　그리고 이 책에서 그가 말하고 싶었던 것은 쓰레기가 되기까지의 기간, 즉 죽을 때까지의 목숨을 어떻게 사용할지를 생각하는 것이 중요하다는 것이었다. 그것에 대해서도 나는 전적으로 동감이다. 실로 '살아 있을 때가 꽃'이다.

아내에게 "먼저 죽지 마."라는 말이 진정 아내를 위한 것일까

앞에서도 예로 든 사이토 시게타가 부부론을 설명하면서 "남편은 무조건 아내보다 먼저 죽는 것이 좋다."고 말했다.

시게타는 자신의 모친, 즉 시인이자 의사였던 사이토 시게요시의 부인을 예로 들며 이 주장을 펴고 있다. 시게요시의 부인인 데루코는 아주 유명한 사람이라 아시는 분도 많을 것이라고 생각하지만, 시게요시의 사후 마치 물 만난 고기처럼 자유분방한 삶을 살았던 사람이다.

그녀는 여행을 좋아해서 꽤 많은 나이에도 아프리카의 오지까지 다녀오기도 했다. 그런 어머니를 보고 시게타는 남편이 빨리 죽으면 아내는 그만큼 활기차게 살 수 있다는 것을 깨닫게 된 것이다.

가수인 사다 마사시도 〈엄격한 남편 선언〉이라는 노래에서 "나보다 먼저 죽는구려."라고 노래하고 있다. 이 노래가 그렇게 인기가 많았던 것을 보면 남편은 먼저 죽는 게 낫다고 생각하는 사람이 생각보단 많은 모양이다.

확실히 주위를 둘러보아도 아내를 먼저 떠나보낸 남편은 생기가 없지만, 남편을 먼저 보낸 아내는 아주 생기가 넘친다는 현상이 일반적인 듯하다.

그래서 사이토 시게타도 사다 마사시도 아내에 대한 애정의 표시로 "남편이 먼저 죽는 게 낫다."고 말한 것으로 보인다.

그러나 과연 그럴까? 여기서 잠깐 다나베 세이코의 멋진 생각을 소개하고자 한다.

세이코는 남편인 가와노 스미오가 죽었을 때 이런 생각을 했다고 한다.

"내가 먼저 죽지 않은 게 다행이야. 남편은 내 유골을 도저히 볼 수 없었을 테니까."

이것이야말로 진정한 의미에서 궁극의 사랑의 말이라고 나는 생각한다.

같은 비행기를 타고 사고라도 당하지 않는 한 부부가 같이 죽는 경우는 있을 수 없다. 어느 한쪽이 어느 한쪽의 유골을 봐야만 하는 것이다.

따라서 남편이 아내보다 먼저 죽고 싶다는 것은 아내의 유골을 보고 싶지 않기 때문이 아닐까? 그것을 세이코는 남편이 자신의 유골을 볼 수 없었던 것을 남편을 위해 '다행이었다'고 말하고 있다.

세이코도 사랑하는 남편의 유골을 보는 것은 분명히 괴로웠을 텐데 그 괴로움을 누르고 이렇게 말했던 것이다. 세상의 아내 족도 그것은 마찬가지일 것이다.

그렇게 생각하면 "나보다 먼저 죽지 마."라는 것은 아내에 대한 애정이라기보다는 남편의 염치없는 모습이 아닐까?

덧붙여 말하면 남자에겐 생활상의 이유도 있을지 모른다. 하나에서부터 열까지 모든 것을 아내에게 기대며 살아온 남편들은 아내가 없으면 제대로 된 일상생활을 할 수 없을 정도로 어린아이나 같다. 즉, 아내가 먼저 죽고 없으면 자신이 괴로우니까 먼저 죽고 싶다고 생각하는 면이 있다.

확실히 아내가 죽고 나면 남자는 힘들어진다. 충격을 받은 나머지 실의에 빠지는 사람이 있는 한편으로 충격의 반동으로 이상하게 쾌활해지고 명랑해지는 등, 정신적인 변화를 일으키는 경우도 있는 모양이다.

그런 이유로 먼저 죽고 싶다는 것은 남자의 염치없는 모습이고 남자로서 상종 못할 사람이 아닌가 하는 것이 내 생각이다. 적어도 아내를 진정으로 사랑하고 있다면 그런 말은 할 수 없을 것이다.

그런 의미에서 나는 아내와 사별한 남편은 의연하게 살아야 한다고 생각한다. 나조차 할 수 있을지 없을지 자신이 없고, 필시 여성스러워질 것이라고 생각하지만 적어도 《그래요, 이제 당신은 없구려》

를 쓴 시로야마 사부로의 말년은 나로선 너무나 유감스럽다.

시로야마처럼 늘 늠름한 남자 이야기를 써온 사람이 이처럼 어떤 의미에서는 '여성스러운' 책을 썼다는 것은 감히 상상도 못할 일이었다. "그만두시오!"라고 소리치고 싶을 정도다.

덧붙여 말하면 아내가 죽은 후 결국 자살해버린 고명한 문예평론가 에토 준과 같은 행동도 나로서는 받아들이기가 어렵다.

솔직히 말해서 남자는 약한 생물이다. 나도 그 약한 남자 중 한 명이라고 생각하면 부끄럽지만 조심스럽게 말한다. 역시 아내보다 먼저 죽고 싶다고……. 그것이 내 본심인 것을 고백할 수밖에 없다.

오랫동안 함께 살아온 부부는 인생을 함께 싸운 전우와 같다. 눈에 보이지 않는 부분에서 서로를 지켜주며 살아올 수 있었다고 생각하기 때문에 자신이 남겨지는 것은 생각만으로도 두렵다는 것이 솔직한 심정이다.

여자의 강함이나 씩씩함을 생각하면 역시 아내가 나중에 죽는 것이 좋을지도 모른다. 기타 등등, 인생 최대의 사건이라고 생각하면 이별에 대한 생각은 천 갈래 만 갈래로 흐트러지지만, 아내에게 "먼저 죽지 마."라는 것이 진정 아내를 위한 것은 아니라는 것만은 확신하고 있다.

여기까지 썼을 때 우연히 펴든 〈요미우리 가단〉에서 좋은 시를 보았다. 그것을 마지막으로 소개하고 싶다.

"후회가 많은 인생이지만

이제 와 생각하니 아내를 만나 감사하노라."

(〈요미우리 가단〉 2013년 11월 12일, 사이타마 현, 사와노 도모키치)

부부가
더불어
잘살기 위해서
꼭 세워야 할
아내
대책

한국어판 ⓒ 도서출판 잇북 2014

1판 1쇄 인쇄 2014년 8월 1일
1판 1쇄 발행 2014년 8월 7일

지은이 | 가와키타 요시노리
옮긴이 | 김대환
펴낸이 | 김대환
펴낸곳 | 도서출판 잇북
책임편집 | 김랑
책임디자인 | 한나영
인쇄 | 대덕문화사

주소 | (413-736) 경기도 파주시 문발로 119, 파주출판도시 306호
전화 | 031)948-4284
팩스 | 031)947-4285
이메일 | itbook1@gmail.com
블로그 | http://blog.naver.com/ousama99
등록 | 2008.2.26 제406-2008-000012호

ISBN 979-11-85370-02-6 03330